Karin Böllert · Catrin Heite (Hrsg.)

Sozialpolitik als Geschlechterpolitik

Karin Böllert
Catrin Heite (Hrsg.)

Sozialpolitik als Geschlechterpolitik

VS VERLAG

Bibliografische Information der Deutschen Nationalbibliothek
Die Deutsche Nationalbibliothek verzeichnet diese Publikation in der
Deutschen Nationalbibliografie; detaillierte bibliografische Daten sind im Internet über
<http://dnb.d-nb.de> abrufbar.

1. Auflage 2011

Alle Rechte vorbehalten
© VS Verlag für Sozialwissenschaften | Springer Fachmedien Wiesbaden GmbH 2011

Lektorat: Stefanie Laux

VS Verlag für Sozialwissenschaften ist eine Marke von Springer Fachmedien.
Springer Fachmedien ist Teil der Fachverlagsgruppe Springer Science+Business Media.
www.vs-verlag.de

Das Werk einschließlich aller seiner Teile ist urheberrechtlich geschützt. Jede Verwertung außerhalb der engen Grenzen des Urheberrechtsgesetzes ist ohne Zustimmung des Verlags unzulässig und strafbar. Das gilt insbesondere für Vervielfältigungen, Übersetzungen, Mikroverfilmungen und die Einspeicherung und Verarbeitung in elektronischen Systemen.

Die Wiedergabe von Gebrauchsnamen, Handelsnamen, Warenbezeichnungen usw. in diesem Werk berechtigt auch ohne besondere Kennzeichnung nicht zu der Annahme, dass solche Namen im Sinne der Warenzeichen- und Markenschutz-Gesetzgebung als frei zu betrachten wären und daher von jedermann benutzt werden dürften.

Umschlaggestaltung: KünkelLopka Medienentwicklung, Heidelberg
Druck und buchbinderische Verarbeitung: Ten Brink, Meppel
Gedruckt auf säurefreiem und chlorfrei gebleichtem Papier
Printed in the Netherlands

ISBN 978-3-531-17140-1

Inhalt

Karin Böllert/Catrin Heite
Einleitung: Sozialpolitik als Geschlechterpolitik –
Geschlechterpolitik als Sozialpolitik 7

Karin Böllert
Sozialpolitik als Geschlechterpolitik 11

Catrin Heite
Geschlechterpolitik als Sozialpolitik 23

Barbara Stiegler
Vorsorgender Sozialstaat aus Geschlechterperspektive 33

Hannelore Faulstich-Wieland
Geschlechtergerechtigkeit in der Schule –
Geschlechterbrille versus Blick auf Vielfalt 61

Dorothee Frings
Sexistisch-ethnische Segregation der Pflege-
und Hausarbeit im Zuge der EU-Erweiterung 81

Margrit Brückner
Zwischenmenschliche Interdependenz – Sich Sorgen als
familiale, soziale und staatliche Aufgabe 105

Susanne Maurer
GeschlechterUmOrdnungen in der Sozialen Arbeit? 123

Autorinnen und Autoren 149

Einleitung: Sozialpolitik als Geschlechterpolitik – Geschlechterpolitik als Sozialpolitik

Karin Böllert/Catrin Heite

Die Frage nach der Ausgestaltung von Wohlfahrtsstaatlichkeit ist sozialpolitisch umstritten. Wohlfahrtsstaatliche Transformationsprozesse sind Ausdruck dieser Umstrittenheit, die sich auf die politische Gestaltung des Sozialen, staatsbürgerliche Rechte, die Konstruktion und Relationierung von Öffentlichkeit und Privatheit, die Verteilung von Gütern und Arbeit sowie die Regulierung der Möglichkeiten der Lebensgestaltung bezieht. Dem einbegriffen ist eine geschlechterpolitische Dimension, wenn etwa die Frage behandelt wird, wie gesellschaftlich notwendige Arbeit verteilt wird, welche Tätigkeiten in den privaten Raum und damit dominant auf die Genusgruppe Frau verlagert werden, wie die Strukturkategorie Geschlecht den Zugang zum Arbeitsmarkt reguliert oder welche Gleichstellungsstrategien zu implementieren seien. Insofern den Antworten auf diese Fragen je spezifische Vorstellungen über Geschlecht und Analysen von Geschlechterverhältnissen zu Grunde liegen, diskutiert der Sammelband die Überschneidung von Sozial- und Geschlechterpolitik und fragt in sozial- und erziehungswissenschaftlicher Perspektive danach, inwieweit Sozialpolitik als Geschlechterpolitik geschlechtsspezifische Lebensbedingungen, Geschlechterrollen und Geschlechteridentitäten prägt bzw. in der Lage ist, geschlechtsspezifische Benachteiligungen aufzubrechen und im Sinne von Geschlechtergerechtigkeit neu zu justieren.

Auch der Begriff Geschlechtergerechtigkeit ist dabei alles andere als eindeutig und wird je nach geschlechtertheoretischer Positionierung – ob gleichheits- oder differenztheoretisch oder in dekonstruktivistischer Perspektive – anders verstanden. Diese unterschiedlichen Verständnisse wiederum korrelieren mit unterschiedlichen Geschlechter- und Sozialpolitiken. So nutzt der differenz- ebenso wie der egalitätstheoretisch ausgerichtete Feminismus den Begriff Geschlecht aufwertungs- und identitätspolitisch – bspw. in der auch in der Sozialen Arbeit breit diskutierten Care-Debatte. Den Care-Theoretiker_innen geht es um die Aufwertung und bspw. sozialrechtliche Anerkennung von als ‚typisch weiblich' betrachteten Eigenschaften und Kompetenzen wie Fürsorglichkeit, Aufmerksamkeit und Empathie. Diese Perspektive und entsprechende Gleichstellungspolitiken werden von poststrukturalistischen, dekonstruktivistischen und queertheoretischen Ansätzen hinsichtlich der Nichthinterfragung binärer Geschlechterdifferenz – sei sie nun biologisch oder sozial – kritisiert. Stattdessen sei die Geschlechterdifferenz zu dekonstruieren und vorgeschlagen werden dafür symbolische, performative und parodistische Handlungen.

Entlang dieser ‚Paradigmen' wird Gender ebenfalls kontrovers analysiert und diskutiert u. a. bzgl. der Theorie und Praxis feministischer Mädchenarbeit, von der geschlechtsspezifischen zur geschlechterreflektierenden und dekonstruktivistischen Pädagogik. Schwerpunkte entsprechender Debatten bestehen u. a. hinsichtlich gendersensibler professioneller Methoden und Handlungskonzepte, der Bedeutung von Gender in einzelnen Handlungsfeldern, der Relevanz von Geschlechterverhältnissen und geschlechterhierarchischen Organisationsstrukturen in der Sozialen Arbeit sowie der Institutionalisierung der Gendermainstreaming-Strategie in Organisationen Sozialer Arbeit.

Insgesamt wird vor dem Hintergrund dieser vielschichtigen, teilweise kontroversen Positionierungen in diesem Band die These vertreten, dass Geschlechterpolitiken sich stets auf das Soziale beziehen und Sozialpolitiken stets eine geschlechterpolitische Dimension haben. Dies wird anhand grundlegender geschlechter- und sozialpolitischer Diskurse ebenso diskutiert wie hinsichtlich der Chancen einer geschlechtergerechten Schule und der sexistisch-ethnischen Segregation der Pflege- und Hausarbeit. Dabei geht es zum einen auch um zwischenmenschliche Interdependenzen, wenn Sich Sorgen als familiale, soziale und staatliche Aufgabe untersucht wird. Zum anderen gilt es die Potentiale einer Sozialen Arbeit als Beitrag zu mehr Geschlechtergerechtigkeit zu reflektieren.

Karin Böllert beschreibt, wie die bundesrepublikanische Sozialpolitik aber auch Vorstellungen einer europäischen Sozialpolitik in ihren Leistungen immer aufruhen auf einer geschlechtsspezifischen Vorstellung von Lebensentwürfen, was insbesondere für Frauen mit erheblichen Benachteiligungen und Einschränkungen einhergeht. Indem die aktuellen sozialpolitischen Strategien eines sozialinvestiven Wohlfahrtsstaates geschlechterpolitische Fragen in erster Linie als Familienpolitik thematisieren, wird Geschlechterpolitik als Ökonomisierung des Sozialen zum Einfallstor der Aktivierung von Frauen als Mütter.

Im Kontext einer wohlfahrts- und geschlechtertheoretischen Skizze nimmt der Beitrag von *Catrin Heite* die Relation von Geschlechter- und Sozialpolitik anhand des Beispiels der ersten Frauenbewegung in den Blick. Dabei geht es vor

Einleitung

allem um die historische Verwobenheit von Geschlechter- bzw. Frauen- und Sozialpolitik und damit um die Überschneidung der Felder Frauen, Politik und des Sozialen, insofern diese Felder eng verbunden sind mit der Entstehung des Sozialstaats und – als dessen Bestandteil – Sozialer Arbeit. Mit der Analyse der Sozialen Frage wird schließlich eine Überleitung hergestellt zur erneuten Umkehrung der Perspektive in Sozialpolitik als Geschlechterpolitik.

Was ein „vorsorgenden Sozialstaat" aus einer geschlechterpolitischen Perspektive sein und leisten könnte, wird von *Barbara Stiegler* untersucht. Eine solche Perspektive bringt neue Fragestellungen in die Diskussion, sie kann aber auch zu geschlechtergerechten Lösungen beitragen. Dazu werden zunächst die Beziehungen zwischen Sozialstaat und Geschlechterverhältnissen diskutiert und anschließend geschlechterpolitische Ziele definiert und konkretisiert. Im dritten Schritt wird die Bedeutung der Care Arbeit für die staatliche Politik und als das Neue in der Aufgabenstellung eines vorsorgenden Sozialstaates herausgearbeitet. Schließlich werden geschlechterpolitische Strategien vorgestellt, mit denen ein vorsorgender Sozialstaat geschlechterpolitische Ziele erreichen kann.

Das, was eine geschlechtergerechte Schule charakterisiert, ist bisher nicht eindeutig geklärt. *Hannelore Faulstich-Wieland* identifiziert vor diesem Hintergrund vier unterschiedliche Diskurse, die als Mädchenparteilichkeit, als Gleichberechtigung, als Forderung nach einer gesonderten Jungenarbeit und als Akzeptanz von Heterogenität gekennzeichnet werden. Anhand von empirischem Material werden diese Diskurse in Bezug auf ihre Leistungen und Probleme analysiert, um hieran anschließend zu fragen, welche Perspektiven der Heterogenitätsansatz hat.

EU-Regelungen bilden eine wichtige Brücke zur Überwindung der Skrupel der Arbeitgeberhaushalte gegenüber der sexistisch-rassistischen Segregation des Arbeitsmarktes. Dies trifft auf eine Sozialpolitik, die immer mehr öffentliche Verantwortung zurücknimmt und soziale Aufgaben privatisiert. Widerstände gegen eine solche Politik werden abgefangen durch die lukrativen Möglichkeiten des ‚Hausmädchenwesens' auch für Mittelschichtfamilien. *Dorothee Frings* geht der Frage nach, warum gerade Frauen aus den mittel- und osteuropäischen Staaten den Bedarf an überwiegend legalen, billigen und moralisch unbedenklichen haushaltsnahen Dienstleisterinnen decken und wie die Sozialpolitik in Europa zunehmend auf die privat organisierte Pflege orientiert.

Weder die bisherigen Care Leistungen im privaten Raum noch diejenigen des sozialen Wohlfahrtsstaates sind derzeit angesichts sich verändernder Anforderungen und Strukturen ausreichend gewährleistet. Wer für wen sorgt und wie diese Tätigkeit bewertet wird, bedarf – so *Margrit Brückner* – einer neuen gesellschaftlichen Klärung, damit eine auf einander abgestimmte Form privater und öffentlicher Sorge entstehen kann, die der Vielfalt der Lebensformen und dem Spannungsfeld von Fürsorge und Selbstständigkeit Rechnung trägt. Damit gewinnt die Aufgabenteilung im privaten Raum und die Aufgabenteilung zwischen privatem und öffentlichem Raum eine neue Brisanz.

Die herrschende Geschlechterordnung erweist sich als beharrlich und zäh und wird vielfältig institutionell abgestützt und reproduziert. In diesem Zusammenhang analysiert *Susanne Maurer*, weshalb das komplexe Verhältnis von Profession und Geschlecht im Kontext der Sozialen Arbeit bis heute offenbar nur schwer angemessen thematisiert werden kann. Dabei fragt sie danach, wie Geschlechterverhältnisse in einer Perspektive von (mehr) Gerechtigkeit und Demokratie ‚umgeordnet' werden können, und welche Rolle Soziale Arbeit in diesem Zusammenhang einnehmen kann angesichts des Umstandes, dass sie selbst in gewisser Weise als ‚Ausdruck' eines komplizierten hierarchischen Geschlechterverhältnisses verstanden werden muss.

Als Herausgeberinnen gilt unser besonderer Dank der Gleichstellungsbeauftragten der Westfälischen Wilhelms-Universität, Frau PD Dr. Christiane Frantz für die finanzielle Unterstützung der diesem Band zugrunde liegenden Ringvorlesung.

Sozialpolitik als Geschlechterpolitik

Karin Böllert

Sich mit dem Verhältnis von Sozialpolitik und Geschlechterpolitik auseinanderzusetzen bedeutet der Frage nachzugehen, wie Geschlechterverhältnisse durch sozialpolitische Regelungen konstituiert, Geschlechterstereotype unter Umständen verfestigt werden, um darüber hinausgehend zu analysieren, welche wohlfahrtsstaatlichen Optionen und Gestaltungsspielräume für eine Sozialpolitik existieren, die auf die aktuellen Lebensentwürfe von Frauen und Männer und damit auf den Wandel der Geschlechterrollen Bezug nimmt. Hierzu werden im Folgenden zunächst die Grundlagen der bundesrepublikanischen Sozialpolitik und die Kernaussagen einer sich hierauf beziehenden feministischen Wohlfahrtsstaatskritik skizziert. Im Anschluss daran soll dargelegt werden, inwieweit europäische geschlechterbezogene Vorgaben die bundesrepublikanische Sozialpolitik beeinflussen, womit hervorgehoben werden kann, dass geschlechterspezifische Modernisierungsprozesse der bundesrepublikanischen Sozialpolitik auf Regelungen der Europäischen Union zurückgeführt werden können, ohne dass damit ausgeblendet werden soll, dass auch im europäischen Kontext traditionelle geschlechtsspezifische Vorstellungen ihre Wirkung entfalten. Vor diesem Hintergrund sollen dann abschließend jene Optionen benannt werden, die Perspektiven einer Sozialpolitik als Geschlechterpolitik zwischen Aktivierungsprogrammatik auf der einen Seite und einer demgegenüber abgegrenzten Geschlechtergerechtigkeit auf der anderen Seite eröffnen.

1   Grundlagen der Sozialpolitik

Die bundesrepublikanische Diskussion über die Grundlagen der Sozialpolitik ist in Hinblick auf die begrifflichen Klärungen durch eine parallele Verwendung der Begriffe Wohlfahrtsstaat und Sozialstaat gekennzeichnet. Diese spezifisch nationalen und im internationalen Kontext eher unüblichen Traditionen der Begriffsverwendung beziehen sich ursprünglich mit der Bezeichnung Sozialstaat auf so genannte ‚schlankere' Kernfunktionen einer Sozialpolitik, die auf die soziale Sicherung ärmerer Bevölkerungsgruppen konzentriert sind. Mit der Bezeichnung Wohlfahrtsstaat sind demgegenüber umfassendere soziale Sicherungssysteme für die gesamte Bevölkerung angesprochen, die mit Eingriffen in das Marktgeschehen, einer aktiven Arbeitsmarktpolitik und Strukturen einer stärkeren Umverteilung einhergehen.

Vor diesem Hintergrund soll im Weiteren in Anschluss an Bäcker, u. a. (2008) Sozialpolitik verstanden werden als solche Maßnahmen, Leistungen und Dienste, die darauf abzielen,

- dem Entstehen sozialer Risiken und Probleme vorzubeugen
- die Voraussetzungen dafür zu schaffen, dass Menschen befähigt werden, soziale Probleme zu bewältigen,
- die Wirkungen sozialer Probleme auszugleichen und
- die Lebenslage einzelner Personen oder Personengruppen zu sichern und zu verbessern.

Politikformen eines solchermaßen skizzierten wohlfahrtsstaatlichen Verständnisses sind eine *regulative* Politik, d.h. die Gestaltung und Beeinflussung von Arbeitsmarktstrukturen, eine *distributive* Politik, d.h. die Finanzierung von Sozialtransfers als nicht marktförmige Existenzsicherung und eine *Infrastruktur- und Dienstleistungs*politik, d.h. die bedarfsabhängige Bereitstellung von Einrichtungen und Diensten. Vor diesem Hintergrund sind die Funktionen der Sozialpolitik auf den Schutz vor Verschleiß der Arbeitskraft (Schutzfunktion), die Verbesserung der Beschäftigungs- und Leistungsfähigkeit (Beschäftigungsfunktion), die Abfederung des strukturellen Wandels (Innovationsfunktion) sowie die Sicherung des sozialen Friedens (Legitimationsfunktion) bezogen (Bäcker, u. a. 2008).

In der historischen Entwicklung des bundesrepublikanischen Wohlfahrtsstaatsmodells haben sich dabei als *Strukturprinzipien* das Sozialversicherungsprinzip in Form sozialversicherungspflichtiger Beschäftigungsverhältnisse und das Versorgungsprinzip als an Lebenslagen orientierten Leistungen in materiell eher geringerem Umfang herausgebildet. Das Fürsorge- bzw. Dienstleistungsprinzip – ursprünglich als Leistungsbereich auf jene Fälle begrenzt, die durch das Sozialversicherungs- und Versorgungsprinzip nicht erfasst werden können – hat sich mittlerweile als eines der charakteristischen Merkmale der Sozialpolitik herauskristallisiert, dokumentiert nicht zuletzt durch einen enormen Bedeutungsaufschwung der sozialen Berufe. Gemeinsam ist diesen Prinzipien, dass der Wohlfahrtsstaat durch eine deutliche Erwerbsarbeits- und Ehezentrierung gekennzeichnet ist. Historisch gewachsen ist zudem das Solidarprinzip, das in Teilen in den Finanzierungsstrukturen wohlfahrtsstaatlicher Leistungen grundgelegt ist. Das Verhältnis privater und öffentlicher Wohlfahrt ist durch die Institutionalisierung des Subsidiaritätsprinzips geregelt. Mitsprachemöglichkeiten von Arbeitgebern und Beschäftigten bzw. Versicherten und deren Regelung umfassen außerdem das Selbstverwaltungs- und Paritätsprinzip der Sozialversicherungen (Boeckh/Huster/Benz 2004).

Die sich in diesem Kontext entwickelnden wohlfahrtsstaatlichen Interventionsformen können nach Kaufmann (2005) folgendermaßen differenziert werden:

- rechtliche Interventionsformen bestimmen und schützen Rechtsansprüche;
- ökonomische Interventionsformen beeinflussen die verfügbaren Einkommen;
- ökologische Interventionsformen zielen auf das infrastrukturelle Angebot;
- pädagogische Interventionsformen sind auf die Entwicklung oder Wiederherstellung von Kompetenzen bezogen.

In Hinblick auf die dargelegten wesentlichen Grundlagen der bundesrepublikanischen Wohlfahrtsstaatspolitik und deren mögliche Bedeutung für eine Sozialpolitik als Geschlechterpolitik kann folgendes Zwischenfazit gezogen werden: Soziale Sicherung ist in Deutschland erstens vorrangig direkt an sozialversicherungspflichtige Beschäftigung geknüpft und zweitens ist die soziale Sicherung in Deutschland auf Ehe und Elternschaft bezogen. Dabei ging es bislang vorrangig um die Durchsetzung des männlichen ‚Normalarbeitsverhältnisses' mit hohem Anerkennungsgrad und großer Verpflichtung des Mannes zum Unterhalt der Familie auf der einen Seite und um die Durchsetzung der weiblichen Mutter- und Hausfrauenrolle mit einer damit einhergehenden Verpflichtung zur Fürsorge für Familienmitglieder und einer nur mittelbaren Anerkennung der entsprechenden Leistungen über die Erwerbsposition des Mannes auf der anderen Seite (Böllert 2001; Pfaff 2000), wobei die geschlechtsspezifischen Konnotationen einer derartig strukturierten Sozialpolitik meistens nur implizit benannt werden. So hat der Siebte Familienbericht (BMFSFJ 2006) für den Bereich der Familienpolitik als Teilbereich der Sozialpolitik deutlich hervorgehoben, dass die Geschlechterfrage meist hinter geschlechtsneutralen Begriffen wie Familie, Elternschaft, Zugewinngemeinschaft verborgen bleibt, obwohl viele familienpolitischen Maßnahmen nicht zuletzt der Sicherung geschlechtsspezifischer Zuständigkeiten dienen. Gefordert wird von daher, dass eine aktuelle Familienpolitik immer auch eine Politik der Berücksichtigung sich wandelnder Geschlechterrollen und eine Politik der Gleichheit in den Chancen der Beteiligung an Erwerbs- und Familienarbeit, an Öffentlichkeit und Privatheit zu sein habe (Krüger 2006).

Wie schwierig und langwierig die Umsetzung einer solchen Politik war und ist, zeigt ein kurzer Blick auf entsprechende rechtliche Regelungen. So war nach Artikel 3 Abs. 2 des GG die Gleichberechtigung in der Bundesrepublik von Anfang an verfassungsrechtlich verankert, 1994 wurde aber die Verabschiedung eines ergänzenden Zusatzes als erforderlich betrachtet, der die Förderungsnotwendigkeit der Gleichberechtigung durch den Staat und die Beseitigung bestehender Nachteile hervorhebt. Bis 1958 existierte zudem ein männliches Bestimmungsrecht über Wohnort, die Wohnung und die Aufnahme einer weiblichen Erwerbstätigkeit. Noch bis 1977 durften Frauen nur erwerbstätig sein, „soweit dies mit ihren Pflichten in Ehe und Familie vereinbar" war (BGB alt, §1356).

2   Feministische Wohlfahrtsstaatskritik

Ausgangspunkt einer feministischen Wohlfahrtsstaatskritik war die Veröffentlichung von Ilona Kickbusch und Barbara Riedmüller (1984), mit der ein reflexiver, die Geschlechterperspektive grundlegender Blick auf das Verhältnis von Sozialpolitik und Frauen formuliert wurde. Aus einer stärker rechtstheoretischen Perspektive haben dann Ute Gerhard, Alice Schwarzer und Vera Slupik (1988) die Ungleichbehandlung der Geschlechter im Sozialversicherungsstaat hervorgehoben. Gemeinsam ist diesen beiden Klassikern die Herausarbeitung einer Diskriminierung von Frauen durch die Erwerbsarbeitszentriertheit der bundesrepublikanischen Sozialpolitik, die zu einer materiellen Abhängigkeit der Frauen vom Ehemann führt. Zudem konnte in diesem Kontext deutlich gemacht werden, dass die Familien- und Hausarbeit keine eigenen Sicherungsansprüche beinhaltet, gleichwohl für die Sozialpolitik höchst bedeutsam ist, indem ‚Vater'-Staat auf die Familiensubsidiarität der Leistungen, auf die Erbringung von Betreuung und Pflege im familialen Zusammenhang verweist.

Seitdem haben sich unterschiedliche Debattenschwerpunkte herausgebildet (Leitner 2003 sowie die Beiträge in Garwich/Knelangen/Windwehr 2009). Zunächst wurden einzelne Zweige der Sozialversicherung analysiert, wobei insbesondere die Strukturen der Rentenversicherung (Witwenrente; Rentenreform 1957) in ihrer Bedeutung für ein hohes Armutsrisiko älterer Frauen untersucht wurden. Dem folgte eine Beschäftigung mit der Feminisierung der Armut in Deutschland im Zusammenhang mit Sicherungslücken für Frauen bei Trennung und Scheidung. Bis heute dominante Debatten sind die über die Möglichkeiten der Vereinbarkeit von Familie und Beruf (Böllert 2010) und die als ‚Care'-Debatte bekannt gewordenen Fragen der Anerkennung weiblicher Leistungen und Tätigkeiten jenseits der Erwerbsarbeit (Brückner 2002 und die Beiträge von

Brückner und Maurer in diesem Band). Erweitert wurde schließlich die Analyseperspektive Geschlecht durch Auseinandersetzungen mit der Heterogenität der Genusgruppe und der Unterscheidung von biologischem und sozialem Geschlecht, womit weiter reichende Differenzierungen in Hinblick auf spezifische Gruppen von Frauen (und Männern) und ihre Eingebundenheit in sozialpolitische Regulierungen möglich wurden (Leitner 2001 sowie der Beitrag von Catrin Heite in diesem Band).

Bis heute aktuell sind außerdem jene Analysen, die die Bedingungen des wohlfahrtsstaatlichen Wandels in ihren Auswirkungen auf die Konstituierungsprozesse von Geschlechterrollen und -stereotypen zum Thema haben (Wimbauer 2006). Die übergreifende Kernaussage der entsprechenden Analysen hat Uta Klein (2009:290) zutreffend folgendermaßen zusammengefasst: „Aus einer Geschlechterperspektive geht es um die Geschlechterordnung, die die modernen Wohlfahrtsstaaten bei ihrer Entstehung vorausgesetzt und verfestigt haben, indem sie sich auf eine spezifische Form geschlechtlicher Arbeitsteilung stützen, nämlich die Zuständigkeit von Frauen für Familienarbeit, Erziehung und Pflege einerseits und die Zuständigkeit des Mannes für die Erwerbsarbeit andererseits. Insofern ist sozialstaatliche Politik immer auch Geschlechterpolitik. Während von der Sozialstaatsforschung allgemein die Verfestigung von Status- und Schichtgrenzen durch Sozialpolitik untersucht wird, geht die Geschlechterforschung darüber hinaus und untersucht zudem die Verfestigung der Geschlechterverhältnisse durch Sozialpolitik. Dabei ist das Verhältnis zwischen Staat und Geschlechterverhältnis wechselseitig abhängig, indem der Staat durch Regulierungen das Geschlechterverhältnis generiert oder transferiert und indem Veränderungen der Geschlechterverhältnisse zu politischen Regulierungen führen können, die der gewandelten Geschlechterordnung Rechnung tragen".

3   Europäische Sozialpolitik als europäische Geschlechterpolitik

Mit einer vergleichenden Betrachtungsweise wohlfahrtsstaatlicher Regime nach Esping-Andersen (1990) ist eine Typologie von (europäischen) Wohlfahrtsstaaten vorgelegt worden, für die folgende Analyseebenen konstitutiv sind:

- *Dekommodifizierung* ist das Ausmaß, in dem der Wohlfahrtsstaat dem Einzelnen ein Leben unabhängig von der Erwerbsarbeit ermöglicht;
- *Stratifizierung* bezeichnet die Wirkungen des Wohlfahrtsstaates in Bezug auf soziale Ungleichheit;

- die *Aufgabenteilung zwischen Staat, Markt und Familie* bei der Wohlfahrtsproduktion und deren Mischungsverhältnisse und Akzentuierungen bilden das dritte Analysekriterium.

Hieran anknüpfend hat Esping-Andersen drei idealtypische Wohlfahrtsstaatsregime unterschieden – tatsächlich existieren zahlreiche Mischformen -, wobei der angelsächsische, liberale Typus durch eine gleichermaßen schwache Dekommodifizierung und Stratifizierung sowie einen hohen Einfluss des Marktes charakterisiert ist. Der kontinentaleuropäisch, konservative Typus dagegen ist im Zusammenhang mit dem Modell des männlichen Familienernährers gekennzeichnet durch ein mittleres Maß der Dekommodifizierung, eher schwache Umverteilungskapazitäten und eine zentrale Bedeutung von Familie sowie eine subsidiäre Rolle des Staates. Den skandinavisch, sozialdemokratischen Typus dagegen zeichnet ein hohes Maß an Dekommodifizierung und Stratifizierung aus; während Familie und Markt eher marginal sind, ist die Rolle des Staates zentral.

Während in den politikwissenschaftlichen Debatten verstärkt auf die Notwendigkeiten der typlogischen Erweiterung um den Typus der nachholenden, südeuropäischen Wohlfahrtsstaaten und den Typus der postsozialistischen Wohlfahrtsstaaten sowie auf eine generelle Institutionenblindheit bspw. in Bezug auf den Einfluss von Parteienkonstellationen verwiesen wird (Opielka 2004), konzentriert sich die feministische Kritik stärker darauf, dass die Typologie durch eine Geschlechterblindheit und eine damit einhergehende Blindheit gegenüber sozialen Diensten geprägt ist (Ostner 1998; Pfau-Effinger 2000). Von daher hat Jane Lewis (2001) eine alternative Typologisierung in Hinblick auf das Verhältnis von bezahlter und unbezahlter Arbeit, das Ausmaß der eigenständigen sozialen Sicherung von Frauen und den Umfang der öffentlichen Kindertagesbetreuung konzeptualisiert. Sie unterscheidet dabei ein starkes Ernährermodell (z. B. Westdeutschland, England), ein moderates Ernährermodell (z. B. Frankreich) und ein schwaches Ernährermodell (z. B. Schweden).

Betrachtet man vor diesem Hintergrund entsprechende Europäische Regelungen, dann erwecken diese zunächst den Anschein, als wäre das Thema Sozialpolitik und Geschlechterpolitik auf der europäischen Ebene weiterführender als in nationalen Kontexten verankert. Im Amsterdamer Vertrag von 1999 wird die Notwendigkeit von Gleichstellung über den Markt hinaus verbindlich formuliert; Gleichstellung gilt als fundamentales verrechtlichtes Prinzip der EU, als Querschnittaufgabe der Gemeinschaft, die mit der Einführung von Gender Mainstreaming forciert werden sollte. Artikel 3 des Verfassungsentwurfs der EU schrieb die Gleichstellung von Männern und Frauen als ausdrückliches Ziel fest. Und 2002 hat der Europäische Rat die Barcelona-Zielvorgaben für die Bereitstellung von Kinderbetreuungsmöglichkeiten bis zum Jahre 2010 beschlossen. Der gerne als Erfolg einer nationalen Familienpolitik gefeierte Ausbau des Kindertagestättenbereiches und die Zielvorgabe einer Platzgarantie für ein Drittel aller Kinder unter drei Jahren, geht somit tatsächlich auf den Zwang zurück, europäische Vorgaben umsetzen zu müssen.

Festgehalten werden muss in diesem Kontext aber auch ein Backlash zu traditionellen Geschlechterbildern im europäischen Vergleich – die im Weiteren zitierten Daten entstammen dem „International Social Survey Programme (ISSP) von 2002. Die Aussage „Einen Beruf zu haben, ist ja ganz schön, aber das, was die meisten Frauen wirklich wollen, sind Heim und Kinder" erhält eine hohe Zustimmung in Spanien, Italien und Österreich (über 45 %) und in den neuen Mitgliedsländern (über 60 %), die geringste Zustimmung ist in Ostdeutschland (19,8 %) zu verzeichnen. Die Position „Die Frau soll zu Hause bleiben, wenn das Kind noch im Vorschulalter ist" trifft auf eine hohe Zustimmung in Österreich und Westdeutschland sowie Großbritannien und hat die höchste Zustimmung in Polen (76 %); am wenigsten Personen haben der Aussage in Schweden und Ostdeutschland zugestimmt.

Vor diesem Hintergrund hebt auch der Bericht der Europäischen Kommission an den Rat, das Europäische Parlament, den Europäischen Wirtschafts- und Sozialausschuss und den Ausschuss der Regionen zur Gleichstellung von Frauen und Männern aus dem Jahr 2010 hervor: „ Die Bekämpfung fortbestehender Ungleichheiten zwischen den Geschlechtern in allen Gesellschaftsbereichen wird noch lange eine Herausforderung bleiben, denn die Beseitigung dieser Ungleichheiten setzt Struktur- und Verhaltensänderungen sowie eine Neudefinition der Rollen von Frauen und Männern voraus. Es geht nur langsam voran, und so bestehen nach wie vor geschlechtsspezifische Unterschiede auf vielen Gebieten – bei den Beschäftigungsquoten, beim Entgelt, bei der Arbeitszeit, bei den Führungspositionen, bei der Übernahme von Betreuungsaufgaben und Pflichten im Haushalt sowie beim Armutsrisiko" (S.4). Welche Vorstellungen von Gleichstellung damit verbunden werden, zeigt sich nur wenige Seiten später, wenn es heißt: „Bei der Gleichstellung handelt es sich nicht nur um eine Frage der Vielfalt und der sozialen Gerechtigkeit – ohne Gleichstellung rücken auch Ziele wie nachhaltiges Wachstum, Beschäftigung, Wettbewerbsfähigkeit und sozialer Zusammenhalt in weite Ferne. Investitionen in Gleichstellungsmaßnahmen lohnen sich, denn sie sorgen für eine Steigerung der Beschäftigungsquote von Frauen, erhöhen ihren Beitrag zum BIP und zum Steueraufkommen und gewährleisten nachhaltige Geburtenraten. (…) Wirksame Gleichstellungsmaßnahmen müssen als Bestandteil des Lösungsansatzes zur Überwindung der Krise, zur Förderung des Aufschwungs und zum Aufbau einer stärkeren Wirtschaft der Zukunft angesehen werden" (S. 8).

4 Perspektiven einer Sozialpolitik als Geschlechterpolitik

Die in dem obigen Zitat sich widerspiegelnde Tendenz einer Ökonomisierung von Geschlechterfragen ist aktuell nicht nur für den europäischen Kontext typisch, sondern trifft gleichermaßen auf die bundesrepublikanische Situation zu. Zwar sind seit mehreren Jahren eine Bildungsexpansion mit deutlichen Zuwächsen bei höheren Bildungs- und Studiengangsabschlüssen von Frauen, eine Ausweitung des Dienstleistungssektors und damit einhergehender Beschäftigungsmöglichkeiten für Frauen sowie ein grundlegender Einstellungswandel in Bezug auf traditionelle Geschlechterrollen und Aufgabenverteilungen beobachtbar, damit geht aber keinesfalls eine Umverteilung von Erwerbs- *und* Betreuungsarbeit einher. Eine hohe Teilzeitarbeitsquote von Frauen, eine vertikale und horizontale Segregation des Arbeitsmarktes, nach wie vor bestehende geschlechtsspezifische Einkommensunterschiede und ein immer noch größeres Armutsrisiko von Frauen zeigen, dass auch die bundesrepublikanische Sozialpolitik noch weit davon entfernt ist, Geschlechtergerechtigkeit zu ermöglichen (Böllert 2010 a).

„Mit der sozialpolitischen Zielbestimmung einer Forderung und Förderung individueller Verhaltensmuster, die „proaktiv" – also initiativ, antizipativ, präventiv – auf „Schadensvermeidung" (...) oder jedenfalls „Schadensminderung" (...) gerichtet sind, kündigt sich ein bedeutsamer Wandel der wohlfahrtsstaatlichen Arrangements an. (...) Der idealtypische „Aktivbürger" (...) wartet nicht auf den Schadensfall, sondern mobilisiert vorausschauend seine Potenziale, um diesen abzuwenden; tritt jener dennoch ein, so verlässt sich die Aktivbürgerin nicht auf die durch den Wohlfahrtsstaat vermittelte Schadensregulierung, sondern unternimmt selbsttätig Anstrengungen zur Wiederherstellung ihrer Leistungsfähigkeit – im Interesse der Entlastung der gesellschaftlichen Gemeinschaft und der durch diese finanzierten sozialen Sicherungssysteme (Lessenich 2009:168f.). Der hier von Stephan Lessenich beschriebene Wandel vom versorgenden hin zum aktivierenden Wohlfahrtsstaat führt u. a. zu einer sozialpolitischen Rahmung des Bedeutungszuwachses von Familienpolitik, die kritisch reflektiert werden muss. Die Kontextbedingungen für Familien bleiben trotz anders lautender familienrhetorischer Forderungen nach mehr Geschlechtergerechtigkeit auf ein traditionelles Familienmodell ausgerichtet. Auf der einen Seite geht es zwar um die Förderung der Vereinbarkeit von Familie und Erwerbstätigkeit und dabei insgesamt um die Durchsetzung der Zweiverdiener-Ehe, auf der anderen Seite wird die Bewältigung der hiermit einhergehenden familialen Aufgaben u. a. des Zeitmanagements, der außerinstitutionellen Kinderbetreuung, des Ausbalancierens von familienbezogenen und arbeitsmarktförmigen Erwartungen und Bedürfnissen einseitig den Müttern aufgebürdet. Der institutionelle Kontext ist nach wie vor durch eine unzureichend ausgebaute und in ihren Zeitpolitiken ungenügende Kinderbetreuung und ein entsprechend fehlendes flächendeckendes Angebot an Ganztagsschulen geprägt. Eine Rollenverteilung: Mann, als erwerbstätiger Vater, und Frau, als (teilzeit-)erwerbstätige Mutter und Hausfrau, wird von der aktuellen Familienpolitik begünstigt, indem Familienpolitik notwendige Veränderungen der institutionellen Einbettung von Familie und die Forderungen nach einer familienfreundlichen Gestaltung des Arbeitsmarktes weitgehend ausblendet und dabei eine an Gleichberechtigung orientierte Rollenverteilung als individuelle Herstellungsleistung von Familie, die es zu aktivieren gilt, betrachtet. Finanzielle Risiken, die mit der Gründung einer Familie einhergehen, werden zudem im Kontext des wohlfahrtsstaatlichen Wandels nicht mehr mit sozialer Sicherheit abgefedert und für Frauen durch das neue Unterhaltsrecht sogar verschärft. Die öffentliche Verantwortung für die Lebensgestaltungsmöglichkeiten in Familien wird insgesamt zurückgenommen, womit von neuen Wechselwirkungen und Überkreuzungen von sozialen Ungleichheiten und Differenzen in familialen Kontexten ausgegangen werden muss (Böllert/Oelkers 2010). Nicht die Krise des Sozialen findet in diesem paradigmatischen Wechsel der Sozialpolitik einen zutreffenden Ausdruck. Vielmehr findet ein Ortswechsel des Sozialen, ein Prozess der Standortverlagerung seiner Produktionsstätte statt: Die Verantwortung für die Herstellung des Sozialen wird von den Institutionen der Sozialpolitik auf die Ebene der „Subjektivität sozialdienlicher Individuen" verlagert (Lessenich 2009: 34).

Das derzeit anvisierte ‚Universal-Breadwinner-Modell' – das Modell allgemeiner Erwerbsarbeit als Grundlage des unternehmerischen Selbst – fordert familienpolitisch die Integration von Frauen in den Arbeitsmarkt und fördert dafür eine öffentliche Kinderbetreuung. Eine Gleichheit der Geschlechter und der Abbau sozialer Ungleichheiten lassen sich damit allein nicht verwirklichen. Ein ‚universal-caregiver-model' würde demgegenüber beiden Geschlechtern Erwerbsarbeit und Betreuungsarbeit gleichermaßen ermöglichen, wobei letztere in einem Mix von staatlichen, privaten und zivilgesellschaftlichen Leistungen realisiert werden könnte. „Erwerbs- und Betreuungsarbeit würde zwischen Männern und Frauen gleich aufgeteilt, wodurch ein gleichberechtigter Zugang zu materiellen und sozialen Ressourcen und gleiche Anerkennungschancen geschaffen werden (…). Auch für diejenigen Männer verspricht dieses Modell mehr Gerechtigkeit, die die gesellschaftliche Erwartung an sie als Hauptverdiener der Familie immer weniger erfüllen können und wollen" (Klein 2009:300). Gegenüber dem derzeit favorisierten „adult worker model" (Klammer/Klenner 2003) berücksichtigt eine solchermaßen gefasste Vorstellung von Geschlechterpolitik und Geschlechtergerechtigkeit zudem die Strukturen eines Arbeitsmarktes, auf dem angesichts der zunehmenden Prekarisierung von Beschäftigungsverhältnissen ein ökonomisiertes Familienmodell, das von der Annahme zweier Erwerbspersonen ausgeht, für immer weniger Beschäftigte eine zutreffende Realität abbildet. Erst wenn soziale Ungleichheiten auf der strukturellen Ebene mit Subjektivierungsprozessen auf der individuellen Ebene und mit Normen und Stereotypen auf der symbolischen Ebene zueinander in Beziehung gesetzt werden (Winkler 2007), kann Sozialpolitik perspektivisch jenseits von einseitigen Aktivierungsprogrammatiken als Beitrag zu mehr Geschlechtergerechtigkeit begründet werden.

Literatur

Bäcker, Gerhard/Naegele, Gerhard/Bispinck, Reinhard/Hofemann, Klaus/Neubauer, Jennifer, 2008: Sozialpolitik und soziale Lage in Deutschland. Band 1: Grundlagen, Arbeit, Einkommen und Finanzierung, Wiesbaden

BMFSFJ (2006): Siebter Familienbericht. Familie zwischen Flexibilität und Verlässlichkeit. Perspektiven für eine lebenslaufbezogene Familienpolitik, Bonn

Boeckh, Jürgen/Huster, Ernst-Ulrich/Benz, Benjamin, 2004: Sozialpolitik in Deutschland, Wiesbaden

Böllert, Karin 2001: Normalarbeitsverhältnis und Arbeitsgesellschaft. In: Otto, Hans-Uwe/Thiersch, Hans (Hrsg.): Handbuch Sozialpädagogik – Sozialarbeit. Neuwied/ Kriftel. S. 1286-1291

Böllert, Karin, 2010: Frauen in Familienverhältnissen: Zur Vereinbarkeit von Familie und Beruf. In: Böllert, Karin/Oelkers, Nina (Hg.), 2010: Frauenpolitik in Familienhand? Neue Verhältnisse in Konkurrenz. Autonomie oder Kooperation, Wiesbaden, S. 99 -110

Böllert, Karin, 2010 (a): Familienpolitik als Prävention. Zur Aktivierung von Müttern. In: Sozial Extra, Heft 1, S. 12-15

Böllert, Karin/Oelkers, Nina, 2010: Einleitung: Frauenpolitik in Familienhand? In: Böllert, Karin/Oelkers, Nina (Hg.), 2010: Frauenpolitik in Familienhand? Neue Verhältnisse in Konkurrenz. Autonomie oder Kooperation, Wiesbaden, S. 7-15

Brückner, Margrit, 2002: Liebe und Arbeit – Zur (Neu)ordnung der Geschlechterverhältnisse in europäischen Wohlfahrtsregimen. In: Hamburger, Franz, u. a. (Hg.): Gestaltung des Sozialen – Herausforderungen für Europa, Opladen, S. 170-198

Esping-Andersen, Gosta, 1990: The Three Worlds of Welfare Capitalism, Cambridge

Garwich, Andrea/Knelangen, Wilhelm/Windwehr, Jana (Hg.), 2009: Sozialer Staat – soziale Gesellschaft? Stand und Perspektiven deutscher und europäischer Wohlfahrtsstaatlichkeit, Opladen

Gerhard, Ute/Schwarzer, Alice/Slupik, Vera, 1988: Auf Kosten der Frauen. Frauenrechte im Sozialstaat, Weinheim

Kaufmann, Franz-Xaver, 2005: Sozialpolitik und Sozialstaat: soziologische Analysen, Wiesbaden

Kickbusch, Ilona/Riedmüller, Barbara (Hg.), 1984: Die armen Frauen. Frauen und Sozialpolitik, Frankfurt

Klammer, Ute/Klenner, Christina, 2003: Geteilte Erwerbstätigkeit – gemeinsame Fürsorge. Strategien und Perspektiven der Kombination von Erwerbs- und Familienleben in Deutschland. In: Leitner, Sigrid/Ostner, Ilona/Schratzenstaller, Margit (Hg): Wohlfahrtsstaat und Geschlechterverhältnis im Umbruch. Was kommt nach dem Ernährermodell? Wiesbaden, S. 177-207

Klein, Uta, 2006: Europäische Integration und Geschlechterverhältnisse. In: Böllert, Karin, u. a. (Hg.): Die Produktivität des Sozialen – den sozialen Staat aktivieren, Wiesbaden, S. 113-128

Krüger, Helga, 2006: Geschlechterrollen im Wandel – Modernisierung der Familienpolitik. In: Bertram, Hans/Krüger, Helga/Spieß, C. Katharina (Hg.): Wem gehört die Familie der Zukunft? Expertisen zum 7. Familienbericht der Bundesregierung, Opladen, S. 191-206

Leitner, Sigrid, 2001: Das Splitting der Geschlechtskategorie in die Dimensionen gender und sex. Überlegungen zur geschlechterspezifischen Sozialpolitikanalyse. In: Zeitschrift für Frauenforschung & Geschlechterstudien, Heft 19, S. 217-230

Leitner, Sigrid, 2003: Review-Essay: Was wurde aus den armen Frauen? – Eine Zeitreise durch die feministische Sozialstaatskritik in Deutschland. In: Jahrbuch für Europa- und Nordamerika-Studien, Heft 7, S. 28-43

Lessenich, Stephan, 2008: Die Neuerfindung des Sozialen? Der Sozialstaat im flexiblen Kapitalismus, Bielefeld

Lessenich, Stephan, 2009: Krise des Sozialen? In: Aus Politik und Zeitgeschichte, Heft 52, S. 28-34

Lewis, Jane, 2001: The Decline of the Male Breadwinner Model. Implications for Work and Care. In: Social Politics, Vol. 8, N. 2, S. 152-169

Opielka, Michael, 2004: Sozialpolitik. Grundlagen und vergleichende Perspektiven, Reinbek bei Hamburg

Ostner, Ilona, 1998: Quadraturen im Wohlfahrtsdreieck. Die USA, Schweden und die Bundesrepublik im Vergleich. In: Lessenich, Stephan/Ostner, Ilona (Hg.): Welten des Wohlfahrtskapitalismus. Der Sozialstaat in vergleichender Perspektive, Frankfurt/New York, S. 225-252

Pfaff, Anita B., 2000: Frauen. In: Allmendinger, Jutta/Ludwig-Mayerhofer, Wolfgang (Hg.): Soziologie des Sozialstaats, Weinheim und München, S. 269-296

Pfau-Effinger, Birgit, 2000: Kultur und Frauenerwerbstätigkeit in Europa. Theorie und Empirie des internationalen Vergleichs, Opladen

Wimbauer, Christine, 2006: Frauen – Männer. In: Lessenich, Stephan/Nullmeier, Frank (Hg.): Deutschland – eine gespaltene Gesellschaft, Frankfurt/New York, S. 136-157

Winkler, Gabriele, 2007: Traditionelle Geschlechterordnung unter neoliberalem Druck. Veränderte Verwertungs- und Reproduktionsbedingungen der Arbeitskraft. In: Groß, Melanie/Winler, Gabriele (Hg.): Queer-/Feministische Kritiken neoliberaler Verhältnisse, Münster S. 15-49

Ringvorlesung „Sozialpolitik als Geschlechterpolitik"

Geschlechterpolitik als Sozialpolitik

Catrin Heite

Sozialpolitik als Geschlechterpolitik und Geschlechterpolitik als Sozialpolitik – in dieser Wende werden im Folgenden zunächst geschlechtertheoretische Einordnungen vorgenommen, um darauf aufbauend die Relation von Geschlechter- und Sozialpolitik anhand des Beispiels der ersten Frauenbewegung nachzuvollziehen. Dabei geht es vor allem um die historische Verwobenheit von Geschlechter- bzw. Frauen- und Sozialpolitik, also um die Überschneidung der Felder Frauen, Politik und des Sozialen, insofern diese Felder eng verbunden sind mit der Entstehung des Sozialstaats und – als dessen Bestandteil – Sozialer Arbeit. Abschließend wird mit der *Sozialen Frage* eine Überleitung hergestellt zur erneuten Umkehrung der Perspektive in Sozialpolitik als Geschlechterpolitik.

Geschlecht, Gender, Theorie und Politik

Wird im Alltagsverständnis oder im wissenschaftlichen Bereich von Geschlecht geredet, dokumentiert sich dominant die immer noch weitgehend unhinterfragte Annahme, dass Menschen eindeutig *entweder* männlich *oder* weiblich seien. Mit dieser binären Eindeutigkeitsvorstellung im Sinne einer Wissenschaft- ebenso wie „Alltagstheorie der Zweigeschlechtlichkeit" (Hagemann-White 2007: 30) verbunden ist die mindestens implizite Vorstellung einer Biologie dieser Zweigeschlechtlichkeit, also die ebenfalls weitgehend unhinterfragte Annahme, dass sich eine Biologie des Weiblichen und des Männlichen zum Beispiel anhand der äußeren Geschlechtsmerkmale, des Hormonhaushalts oder der Gene eindeutig bestimmen ließe. An dieser Stelle stellt sich die akademische und politische Frage, wie mit dieser relativen Unhinterfragtheit von Biologie oder Natur umzugehen ist. Damit stellt sich auch die wissen(schaft)stheoretische Frage nach den Produktionsformen dieses Alltags- und Wissenschaftswissens über die ‚Natur der Zweigeschlechtlichkeit'. In der sozialwissenschaftlichen Auseinandersetzung mit biowissenschaftlicher Wissensproduktion über genetische Zweigeschlechtlichkeit zeigt etwa Joan Fujimura, dass in genetischen Forschungen zur Geschlechtsbestimmung ein ‚heikler Datenüberschuss' entsteht, der in der Ergebnisfindung ignoriert werde. Diese Ausklammerung unpassender, eindeutige Geschlechtsbestimmungen infrage stellender Daten resultiere daraus, dass Studiendesign und Analyseverfahren genetischer Experimente nicht unabhängig von soziokulturellen Bedeutungen, Normvorstellungen und Verständnissen stattfinden, sondern von diesen vorgeprägt sind: „In the case of genetic sex determination, scientists used the social categories of ‚normal males' and ‚normal females' to design their experiments and protocols, and they reproduced these categories in their experimental processes" (2006, S. 74). So (prä)formieren alltägliche und wissenschaftliche Normalitätsannahmen die Ergebnisse wissenschaftlicher Wissensproduktion, die folglich nicht in der Lage sei, „to illuminate genetic instability (leakiness) and possible multiple pathways of sex development as explanations for the variations in body phenotypes that do not fit the binary male-female norms" (dies., S. 75). Entgegen diesem dominanten Verständnis von und Wissensproduktion über natürliche Zweigeschlechtlichkeit zeigt jedoch auch die Biologie selber, dass von einer solchen Eindeutigkeit keine Rede sein kann, sondern dass jene *variations in body phenotypes* nicht in lediglich zwei Kategorien abzubilden ist. So argumentiert etwa die Biowissenschaftlerin und Philosophin Anne Fausto-Sterling, dass Männlichkeit und Weiblichkeit auf einem Kontinuum zu denken seien, und schlägt alternativ zu einer binären Sortierung die Kategorisierung in „five sexes" (1993) vor.

Neben dieser auch biowissenschaftlichen Annahme geschlechtlicher Uneindeutigkeit sucht der soziologische Begriff *Gender* jene auf gesellschaftlichen Normalitätsannahmen beruhende Vorstellung von Zweigeschlechtlichkeit zu fassen, um die *soziale* Herstellung von Geschlecht in den Mittelpunkt von Analyse, Theoriebildung und politischer Positionierung zu rücken. Er verweist darauf, dass Geschlecht eben nicht ‚natürlich' ist, sondern in sozialen, interaktiven Prozessen des *doing gender* sowohl intersubjektiv als auch strukturell (re)produziert wird, wobei diese Erkenntnis – die als Sex/Gender-Konzept diskutiert wird und vor allem die analytische Trennung zwischen ‚biologischem' und ‚sozialem' Geschlecht zur Grundlage hat – als ‚Lernprozess' der Geschlechterforschung gilt: „For one thing, we learned that the relationship between biological and cultural processes was far more complex – and reflexive – than we previously had supposed" (West/Zimmerman 1987, S. 126). Diese Einsicht begründete einen ethnomethodologischen Zugang zu jenen sozialen, interaktiven und mikropolitischen Prozessen der Herstellung und Bestätigung (sozialer) Zweigeschlechtlichkeit, mit dem „gender as an emergent feature of social situations: both as an outcome of and a rationale for various social arrangements and as a means of legitimating one of the most fundamental divisions of society" (ebd.) in den Blick genommen wird. Mit dieser u. a. von West/Zimmerman fundierten Analyseperspektive auf die soziale Konstruktion von Geschlecht und der damit verbundenen Unterscheidung zwischen der biologischen oder Geburtsklassifikation (*Sex*), den vergeschlechtlichten sozialen Zuschreibungen (*Sex-Category*) sowie deren Validierungen in Interaktionsprozessen (*Gender*) formulierte die wissenschaftliche feministische Intervention seit den 1970er Jahren die grundlegende Anzweifelung natürlicher Determiniertheit von Geschlecht. Diese Kritik etablierte sich, wie Sabine Hark (2005) nachzeichnet, in Form der zweiten westlichen Frauenbewegung und aus dieser heraus an den Hochschulen zunächst als Frauenforschung, später als Gender Studies, was Hark als Doppelbewegung eines „academic turn" des Feminismus als politischer Bewegung und eines „feminist turn" der Wissenschaft bezeichnet.

Ein wesentlicher politischer und theoretischer Meilenstein dieser Entwicklungen war jene Trennung von Biologie und Sozialität, die im Sex/Gender-Konzept ihren Ausdruck findet, um theoretisch-analytisch ebenso wie politisch den Vorrang des Sozialen (*Gender*) vor der Natur (*Sex*) zu betonen (vgl. auch Rubin 1975). Das Sex/Gender-Konzept kann so zunächst als ein bedeutender Schritt der Theorieentwicklung gelten, der deutlich gemacht hat, dass Geschlecht eben nicht vorrangig eine natürliche, sondern *vor allem* eine soziale Kategorie ist, die im alltäglichen Denken und Handeln immer wieder hergestellt und bestätigt wird. Im Laufe der Theorieentwicklung wurde das Sex/Gender-Konzept jedoch dahingehend kritisiert, dass es sowohl biologisches, als auch zweigeschlechtliches Denken perpetuiert, insofern es *Sex* ebenso wie *Gender* weiterhin als dichotom männlich-weiblich denkt (vgl. Gildemeister/Wetterer 1992, Wetterer 2008). Folglich wird in kritischen naturwissenschaftlichen und wissenschaftstheoretischen Perspektiven ebenso wie in dekonstruktivistischen, queer- und transgender-theoretischen Ansätzen sowohl die Binarität als auch die vermeintliche Gegebenheit einer Biologie von Geschlecht als sozial konstruiert und herrschaftswirksam analysiert. Es wird davon ausgegangen, dass das biologische genau wie das soziale Geschlecht sozial konstruiert ist und diesem eben nicht (naturhaft) vorausgeht, so dass diese Unterscheidung selbst mithin hinfällig sei: „Ja möglicherweise ist sex immer schon gender gewesen, so daß sich herausstellt, daß die Unterscheidung zwischen sex und gender letztlich gar keine Unterscheidung ist" (Butler 1991, S. 24). Vielmehr – und so argumentieren auch u. a. Regine Gildemeister und Angelika Wetterer – sei auch die Biologie und nicht nur das Soziale als historische Kategorien zu begreifen: *Sex* sei ebenso wie *Gender* zu historisieren und nicht als *Grund*, sondern als *Folge* sozialer Praktiken zu verstehen (vgl. auch Gildemeister 2007). Als solcher sozialer Praxis wird der Kategorie Geschlecht subjektivierende Wirkung zugeschrieben, die einhergehend mit den ihr inbegriffenen Normen Möglichkeiten und Unmöglichkeiten menschlicher Seins- und Lebensführungsweisen formiert, da sie – sozial und historisch spezifisch – über die Frage entscheiden, „unter welchen Bedingungen der Intelligibilität das Menschliche entsteht, anerkannt wird" (Butler 2009, S. 97).

Ebenso wie diese Ebene der machtvollen identitären Zugriffe auf ‚die Subjekte' wird gendertheoretisch die strukturelle Ebene thematisiert, die eher makrosoziologisch und gerechtigkeitstheoretisch auf geschlechterhierarchische ökonomische, soziale und politische Verhältnisse blickt und in diesem Kontext für sozial- und geschlechterpolitische Interventionen wie etwa materielle Umverteilung oder die Formulierung und Durchsetzung von Rechtsansprüchen plädiert (vgl. u. a. Nussbaum 1999, Frerichs/Steinrücke 1993, Fraser 2005, 1997, Klinger/Knapp, Knapp 2005). Aktuell geht es damit nicht ‚nur' theoretisch und analytisch, sondern auch geschlechter- und sozialpolitisch um Überschneidungen mit anderen Ungleichheitskategorien wie sexuelle Orientierung, Klassenstatus und „Rasse". Hier weisen insbesondere postkoloniale Problematisierungen auf die Unangemessenheit eines universalistischen Anspruchs der Kategorie Geschlecht und der Vorstellung eines einheitlichen Akteurs ‚Frauen' hin. Stattdessen rücken etwa die klassen- oder migrationsspezifischen Differenzen zwischen Frauen in den Blick, wenn die Kritik an einem eurozentristischen, weißen Mittelklassefeminismus (z.B. in der Forschungsrichtung der critical whiteness studies) auf die analytisch, theoretisch und politisch angemessene, vor allem auch postkolonial informierte Erfassung der Zusammenhänge zwischen Gender und Rassismus, ethnisierenden Zuschreibungen, Macht- und Herrschaftsverhältnissen entlang der Kategorien Klasse, Religion, Sexualität, Alter etc. zielt (vgl. u. a. Andersen 2005, Andersen/Collins 2004, Cuomo/Hall 1999, Dietze/Brunner/Wenzel 2009, Eggers et al. 2005, Kerner 2009, Reuter/Villa 2010, Spivak 1999).

Als auf gendertheoretisch informierte klassen- und ungleichheitssoziologische Ansätze sowie vor allem akademische und politische Interventionen von *women of color* zurückgehende Erweiterung wird aktuell mit den Begriffen Intersektionalität und Interdependenz eine Forschungs- und Theoriebildungsperspektive etabliert, mit der es um die Überschneidungen von Differenz- und Ungleichheitsverhältnissen entlang von Kategorien wie Geschlecht, Klasse, Migration, Staatsbürgerschaft, Religionszugehörigkeit, sexueller Präferenzen oder Behinderung geht (vgl. u. a. Degele/Winker 2009, Knapp 2005, Walgenbach et al. 2007) und für die nunmehr aussteht, in der sozialpädagogischen Theoriebildung und Forschung systematische Anschlüsse herzustellen. Eine Möglichkeit, die Relevanz einer Intersektionalität – auch im Sinne von Privilegierung – der Strukturkategorien Geschlecht und Klasse in den Blick zu nehmen, bietet eine historische Perspektive auf das Überschneidungsfeld von frauenpolitischen Strategien der ersten bürgerlichen Frauenbewegung, deren Klassenstatus als bürgerliche Frauen und der Thematisierung geschlechter- und klassenspezifischer Bearbeitungsweisen des Sozialen.

Frauen, Politik und das Soziale

Ein Überschneidungsbereich von Geschlechter- und Sozialpolitik materialisiert sich in der Geschichte Sozialer Arbeit. In der Rolle der ersten bürgerlichen Frauenbewegung und deren Konzept „Geistige Mütterlichkeit" in der ‚Erfindung' Sozialer Arbeit zeigt sich die enge Verwobenheit von Geschlechter- und Klassenstatus sowie von Frauen- bzw. Geschlechterpolitik, der (politischen) Bearbeitung des Sozialen und der entstehenden Profession. Zur Analyse dieser Verwobenheiten eignet sich die analytische Perspektive „Geschlechterpolitik als Sozialpolitik", mit der zunächst Annahmen über scheinbar ‚geschlechtsspezifische Eigenschaften' in den Blick zu nehmen sind. Diese Annahmen ebenso wie frauenspezifische Benachteiligungen sind sowohl historisch als auch aktuell der Hintergrund, vor dem Frauenpolitiken ansetzten. Die Emanzipationsstrategie des bürgerlichen Teils der ersten westlichen Frauenbewegung wurde mit „Geistige Mütterlichkeit" auf den Begriff gebracht, mit dem die Akteurinnen – vor dem Hintergrund ihres Ausschlusses von bürgerlichen Rechten wie etwa dem Zugang zu höherer Bildung oder dem Wahlrecht – auf die Erweiterung ihrer bürgerlichen Partizipationsmöglichkeiten zielten. So kritisierten sie das bestehende Geschlechter*arrangement*, stellten jedoch nicht die binäre Geschlechter*differenz* in Frage. Das Argument „Geistiger Mütterlichkeit" bestand darin, dass die bürgerlichen Frauen als typisch weiblich gedachte Kompetenzen wie etwa Fürsorglichkeit über den familialen Kontext hinaus in die gesellschaftliche Bearbeitung der *Sozialen Frage* einbringen könnten. Mit diesem Argument gelang es den bürgerlichen Frauen, Zugang zu sozialen Ehrenämtern zu erhalten womit sie in - zunächst ehrenamtlichen – sozialen Tätigkeiten „Mütterlichkeit als Beruf" (Sachße 2005, vgl. auch Maurer 1997) realisierten. In der von bürgerlichen Frauen aufgestellten und an die bürgerlichen Männer adressierten Forderung nach Möglichkeiten zur Mitgestaltung des Sozialen und Anerkennung zeigt sich eine hegemoniale Überschneidung der Strukturkategorien Klasse und Geschlecht: als *bürgerliche Gleiche* und gleichzeitig *geschlechtlich Andere* rekurriert die *frauen*politische Thematisierung des *sozial*politischen Vorgehens gegen Armut, Krankheit und menschliches Elend auf bürgerliche Klassensolidarität. Diese wurde mit jenem Argument hergestellt, „die Frau" als bisher nicht als solche anerkannte bürgerliche Gleiche könne der männlichen Kultur als geschlechtlich Andere etwas Spezifisches - nämlich jene „Mütterlichkeit" – beisteuern und dementsprechend die *Soziale Frage* mitbearbeiten. In diesem Kontext entwickelte sich Soziale Arbeit als veröffentlichte Mütterlichkeit und weibliche Form der Bearbeitung sozialpolitisch relevanter Bereiche in der Weimarer Republik zu einem gering anerkannten und dementsprechend schlecht bezahlten Beruf und wurde mit dieser skizzierten differenzfeministischen Emanzipationsstrategie als „weibliche Sozialarbeit nach männlicher Weisung" realisiert (ders., S. 306).

Dies fand in einem sozialpolitischen Kontext statt, der mit der *Sozialen Frage* benannt wurde und wird, womit auch die Umkehrung der analytischen Perspektive in *Sozialpolitik als Geschlechterpolitik* (vgl. Böllert i.d.B.) nahe legt. Denn ab Mitte des 19. Jahrhunderts wurden soziale und politische Ungleichheiten anhand des Begriffs der *Sozialen Frage* diskutiert und bearbeitet, wobei dieser neue Begriff - und die damit entstehende Sozialpolitik – auf ein „neues Problembewusstsein" (Kaufmann 2003: 19) hindeutete, mit dem es nicht mehr um die rein karitative Versorgung der Armen als good-will-Handlung, sondern um die aktive und politisch begründete Gestaltung gesellschaftlicher Strukturbedingungen und Klassenverhältnisse ging. In dieser Perspektive zielte die Bearbeitung der *Sozialen Frage* mit der sozialrechtlichen „Garantie einer gewissen materiellen Stabilität des Lebenslaufs" auf die „Pazifierung des Klassenkonflikts" (Kohli 2009: 231). In diesem Zusammenhang sozialreformerischer Konzepte zur Integration der Arbeiterklasse in die entstehende bürgerliche Gesellschaft, in der das sozialpolitische Subsidiaritätsprinzip als „Antwort auf die ‚soziale Frage'" (Sachße 2003: 196) erfunden wurde, ist auch die Entstehung Sozialer Arbeit zu verorten. D. h., Soziale Arbeit wurde in dem Moment als soziale Institution inauguriert, als die bürgerliche Öffentlichkeit jene *Soziale Frage* erstmals als bearbeitenswert thematisierte. Wesentliches Prinzip der entstehenden Sozialpolitik und Sozialstaatlichkeit war das der Subsidiarität, welches zunächst besagt, dass je kleinere soziale Einheiten das Recht und die Pflicht haben, für die eigenen Belange zunächst selber zu sorgen. Im Sinne der Ausstattung mit Rechten sind sie so zum einen geschützt vor potenziell paternalistischen staatlichen Zugriffen und sind andersherum die sozialadministrativen Instanzen des Wohlfahrtsstaats verpflichtet, einerseits nicht unangemessen bevormundend oder kontrollierend in die Lebensführung der Bürger_innen einzugreifen und andererseits in Situationen, in denen Personen oder informelle soziale Beziehungen, in denen Personen sich bewegen, nicht in der Lage sind, Problemlagen selber zu lösen, Unterstützung zu leisten (vgl. Sachße 2003). In diesem Zusammenhang gilt Solidarität als weiteres Prinzip historischer und aktueller Sozialstaatlichkeit. Denn mit der Bearbeitung der *Sozialen Frage* und der Konstituierung des Sozialstaats kam es zur „strategischen Erfindung" der ‚Solidarität' (Donzelot 1994, S. 77), wobei diese sich u. a. in der Sozialgesetzgebung ausdrückt, welche mit Blick auf Armutsphänomene die „Besänftigung der Gesellschaft, nicht ihre [...] Reorganisation" (ders., S. 112) zu erreichen sucht. Materielle Umverteilung ist dabei ein wesentliches sozialpolitisches Steuerungselement ebenso wie die öffentlich-solidarische Finanzierung personenbezogener sozialer Dienste. Damit geht es auch um die Frage nach dem Verhältnis von Sozialpolitik und Sozialarbeit, für das aktuell Rechtsansprüche von wesentlicher Bedeutung sind. Wohlfahrtsstaatlichkeit sucht in diesem Sinne über die Erfüllung von Grundbedürfnissen wie etwa Obdach, Gesundheit, Nahrung, Erziehung und Bildung, Pflege, soziale Unterstützung und die entsprechende Implementation Sozialer Dienste im Sozial- ebenso wie im Bildungs- und Gesundheitsbereich eine – wohlfahrtsstaatsregimespezifisch definierte – Minimalversorgung für alle Staatsbürger_innen zu gewährleisten. Wohlfahrtsstaatsregimespezifisch sind diese jeweiligen Arrangements, weil Form und Ausmaß der öffentlich, mit Blick auf entsprechende Rechtsansprüche, berufsförmig und als solches solidarisch finanzierte Erbringung Sozialer Arbeit historisch und im Vergleich der Wohlfahrtsstaaten ganz unterschiedlich ausfällt. So beschreibt Gøsta Esping-Anderson (1998) vor dem Hintergrund einer vergleichenden Perspektive in seinen wohlfahrtsstaatstheoretischen Überlegungen Dekommodifizierung als Grad der Schaffung von Alternativen der Lebensgestaltung unabhängig von der Teilnahme am Arbeitsmarkt als wesentlichen Bestandteil von Wohlfahrtsstaaten, weil es u. a. mit Blick auf personale Unabhängigkeit oder Autonomie – und dies sind Leitmotive Sozialer Arbeit – als wesentlich gilt, nicht-marktförmige Mittel der Wohlfahrtsproduktion bereit zu stellen, denn als „auf dem Markt angebotene Waren sind die Arbeiter in ihrem Wohlergehen vollkommen von ihrem Marktpreis abhängig. Die Frage sozialer Rechte stellt sich daher als eine der De-Kommodifizierung, d. h. der Bereitstellung alternativer, nicht-marktförmiger Mittel der Wohlfahrtsproduktion" (Esping-Anderson 1998: 36).

Das Maß an solcher De-Kommodifizierung schwankt zwar im Vergleich unterschiedlicher „welfare regimes", doch wird diesem Prinzip in der vergleichenden Wohlfahrtsstaatsforschung eine zentrale Rolle hinsichtlich der Abschwächung der Abhängigkeit von Lohnarbeit zugesprochen. Damit dies nun nicht dazu führt, dass Menschen stattdessen in privatisierte Abhängigkeiten von ihren Familien und Freundschaften geraten, gilt als ein weiteres, zurzeit umkämpftes sozialpolitisches Prinzip das der Dekommunitarisierung oder Entfamiliarisierung, also die Entlastung von Familien und damit vor allem Frauen von sozialen Sicherungsfunktionen (aus Sicht Sozialer Arbeit vgl. u. a. Beckmann/Otto/Richter 2009, Heite 2010, Oelkers/Richter 2010). In diesem Sinne geht es mit Sozialpolitik also um unterschiedliche Verhältnissetzungen von Staat, Markt und Familie. Etwa mit Blick auf die sozialpolitische Fokussierung von Familien als Akteure der Wohlfahrtsproduktion erscheint nun Sozialpolitik stets auch immer als Geschlechterpolitik, für das sich – zugunsten des adult worker model – mittlerweile die Ansicht durchgesetzt hat, dass das Konzept des male breadwinners geschlechter- und gerechtigkeitspolitisch überholt ist (vgl. Stiegler i. d. B.?). Diese Verwobenheit von Geschlechter- und Sozialpolitik wirft auch für Soziale Arbeit die Frage nach der Gestaltung geschlechtergerechter Wohlfahrtsstaatlichkeit auf. Der Profession stellt sich damit unter anderem die Aufgabe, in Anschluss an Vorschläge zu intersektionalen/interdependenten Perspektiven die Betroffenheiten der Adressat_innen von strukturellen Ungleichheiten zu analysieren und mit Blick auf die sozialpolitischen Bedingungen, welche Maß und Form der Erbringung Sozialer Arbeit mitbestimmen die Profession als öffentlich zu gewährleistende, wohlfahrtsstaatlich implementierte und an den Leitmotiven personaler Autonomie und sozialer Gerechtigkeit ausgerichtete Form der Bearbeitung des Sozialen zu positionieren.

Literatur

Andersen, Margaret L. (2005): Thinking about Women. A Quarter Century's View. In: Gender & Society, Vol. 19, 437-455.

Andersen, Margaret L./Collins, Patricia Hill (ed.) (2004): Race, class, and gender: An anthology. 5th ed. Belmont, CA: Wadsworth.

Beckmann, Christof/Otto, Hans-Uwe/Richter, Martina, et al. (Hg.) (2009): Neue Familialität als Herausforderung der Jugendhilfe. neue praxis Sonderheft 9. Lahnstein: Verlag neue praxis.

Butler, Judith (1990): Das Unbehagen der Geschlechter. Frankfurt am Main: Suhrkamp.

Butler, Judith (2009): Die Macht der Geschlechternormen und die Grenzen des Menschlichen. Frankfurt am Main: Suhrkamp.

Reuter, Julia/Villa, Paula-Irene (Hg.) (2010): Postkoloniale Soziologie: Empirische Befunde, theoretische Anschlüsse, politische Intervention. Bielefeld: transcript.

Cuomo, Chris/Hall, Kim Q. (ed.) (1999): Whiteness. Feminist Philosophical Reflections. Lanham: Rowman & Littlefield.

Degele, Nina/Winker, Gabriele (2009): Intersektionalität. Zur Analyse sozialer Ungleichheiten. Bielefeld: transcript.

Dietze, Gabriele/Brunner, Claudia/Wenzel, Edith (Hg.) (2009): Kritik des Okzidentalismus. Transdisziplinäre Beiträge zu (Neo-)Orientalismus und Geschlecht. Bielefeld: transcript.

Dietze, Gabriele/Hark, Sabine (Hg.) (2006): Gender kontrovers. Genealogien und Grenzen einer Kategorie. Königstein.

Donzelot, Jacques (1994): Die Förderung des Sozialen. In: Donzelot, Jacques/Meuret, Dennis/Miller, Peter/Rose, Nikolas (Hg.): Zur Genealogie der Regulation. Anschlüsse an Michel Foucault. Mainz: Decaton, S. 109–160.

Eggers, Maureen Maisha/Kilomba, Grada/Piesche, Peggy/Arndt, Susan (Hg.) (2005): Mythen, Masken und Subjekte. Kritische Weißseinsforschung in Deutschland. Münster: Unrast.

Esping-Andersen, Gøsta (1998): Die drei Welten des Wohlfahrtskapitalismus. Zur Politischen Ökonomie des Wohlfahrtsstaates. In: Lessenich, Stefan/Ostner, Ilona (Hg.): Welten des Wohlfahrtskapitalismus. Der Sozialstaat in vergleichender Perspektive. Frankfurt am Main: Campus, S. 19–56.

Fausto-Sterling, Anne (1993): The Five Sexes: Why Male and Female Are Not Enough. In: The Sciences, vol. 33, 20–25.

Frerichs, Petra/Steinrücke, Margareta (1993): Soziale Ungleichheit und Geschlechterverhältnisse. Opladen: Leske + Budrich.

Fraser, Nancy (2005): Re-framing justice a globalized world. In: new left review, 36, 61–88.

Fraser, Nancy (Hg.) (1997): Die halbierte Gerechtigkeit. Frankfurt am Main: Suhrkamp.

Fujimura, Joan H. (2006): Sex Genes: A Critical Sociomaterial Approach to the Politics and Molecular Genetics of Sex Determination. In: Signs: Journal of Women in Culture and Society, Jg. 32, H. 1, S. 49–82.

Gildemeister, Regine (2007): Die soziale Konstruktion von Geschlechtlichkeit. In: Hark, Sabine (Hg.): Dis/Kontinuitäten: feministische Theorie. 2., aktualisierte und erw. Aufl. Wiesbaden: VS, S. 55–72.

Gildemeister, Regine/Wetterer, Angelika (1992): Wie Geschlechter gemacht werden. Die soziale Konstruktion der Zweigeschlechtlichkeit und ihre Reifizierung in der Frauenforschung. In: Knapp, Gudrun-Axeli/Wetterer, Angelika (Hg.): Traditionen Brüche. Entwicklungen feministischer Theorie. Freiburg: Kore, S. 201–254.

Hagemann-White, Carol (2007): Wir werden nicht zweigeschlechtlich geboren. In: Hark, Sabine (Hg.): Dis/Kontinuitäten: feministische Theorie. 2., aktualisierte und erw. Aufl. Wiesbaden: VS, S. 27–37.

Haraway, Donna (1987): Geschlecht, Gender, Genre. Sexualpolitik eines Wortes. In: Hauser, Kornelia (Hg): Viele Orte. Überall? Feminismus in Bewegung. Hamburg: Argument-Verlag

Hark, Sabine (Hg.) (2007): Dis/Kontinuitäten: Feministische Theorie. Wiesbaden

Hark, Sabine 2005: Dissidente Partizipation. Eine Diskursgeschichte des Feminismus. Frankfurt am Main: Suhrkamp

Heite, Catrin (2010): Soziale Arbeit – Post-Wohlfahrtsstaat – Geschlecht. Zum Zusammenhang von Professionalität und Politik. In: Böllert, Karin; Oelkers, Nina (Hg.): Frauenpolitik in Familienhand? Neue Verhältnisse in Konkurrenz, Autonomie oder Kooperation. Wiesbaden: VS, S. 25–38.

Kaufmann, Franz-Xaver (2003): Sozialpolitisches Denken. Die deutsche Tradition. Frankfurt am Main: Suhrkamp.
Kerner, Ina (2009): Alles intersektional? Zum Verhältnis von Rassismus und Sexismus. In: Feministische Studien, H. 1, S. 36–50.
Klinger, Cornelia/Knapp, Gudrun-Axeli (Hg.) (2005): Achsen der Ungleichheit. Zum Verhältnis von Klasse, Geschlecht und Ethnizität. Frankfurt am Main: Campus.
Knapp, Gudrun-Axeli (2005): „Intersectionality" – ein neues Paradigma feministischer Theorie? Zur transatlantischen Reise von „Race, Class, Gender". In: Feministische Studien, H. 1, S. 68–81.
Maurer, Susanne (1997): Zweifacher Blick: Die historische ReKonstruktion moderner Sozialarbeit als „Frauenarbeit" und die Perspektive der feministischen Enkelinnen. In: Friebertshäuser, Barbara et al. (Hg.): Sozialpädagogik im Blick der Frauenforschung. Weinheim: Beltz, S. 44–56.
Mouffe, Chantal (1984): The Sex/Gender System and the Discoursive Construction of Women's Subordination. In: Hänninen, Sakan/Paldau, Lena (Hg.): Rethinking Ideology. Argument-Sonderband. Hamburg: Argument-Verlag.
Oelkers, Nina/Richter, Martina (2010): Die post-wohlfahrtsstaatliche Neuordnung des Familialen. In: Böllert, Karin/Oelkers, Nina (Hg.): Frauenpolitik in Familienhand? Neue Verhältnisse in Konkurrenz, Autonomie oder Kooperation. Wiesbaden: VS, S. 15–24.
Rubin, Gayle (1975): The Traffic in Women: Notes on the 'Political Economy' of Sex. In Reiter, Rayna: Towards an Anthropology of Women. NY: Monthly Review Press, S. 157–210.
Sachße, Christoph (2005): Mütterlichkeit als Beruf. Sozialarbeit, Sozialreform und Frauenbewegung 1871 - 1929. Weinheim: BeltzVotum.
Sachße, Christoph (2003): Subsidiarität. Leitmaxime deutscher Wohlfahrtspolitik. In: Lessenich, Stephan (Hg.): Wohlfahrtsstaatliche Grundbegriffe. Historische und aktuelle Diskurse. Frankfurt am Main: Campus, S. 191–212.
Spivak, Gayatri Chakravorty (1999): A Critique of Postcolonial Reason. Towards a History of the Vanishing Present. Calcutta/New Delhi: Seagull.
Walgenbach, Katharina/Dietze, Gabriele/Hornscheidt, Antje/Palm, Kerstin (Hg.) (2007): Gender als interdependente Kategorie. Neue Perspektiven auf Intersektionalität, Diversität und Heterogenität. Opladen: Budrich.
West, Candace/Zimmerman, Don (1987): Doing Gender. In: Gender & Society 1/1, S. 125-151.
Wetterer, Angelika (2008): Konstruktion von Geschlecht. Reproduktionsweisen der Zweigeschlechtlichkeit. In: Becker, Ruth/Kortendiek, Beate (Hg.): Handbuch Frauen- und Geschlechterforschung. Theorie, Methoden, Empirie. Wiesbaden: VS, S. 122–131.

Vorsorgender Sozialstaat aus Geschlechterperspektive

Barbara Stiegler

Einleitung

Die Debatte darüber, welche Rolle der Staat in Zukunft spielen soll, ob wir einen starken oder schwachen, einen reichen oder armen, einen aktiven oder gewährenden Staat brauchen, wird nicht nur für die Programmarbeit von Parteien wichtig. Gerade in Zeiten ökonomischer Krisen und Umbrüche gibt es eine breite Diskussion über Notwendigkeiten und Möglichkeiten sozialstaatlicher Leistungen. In diesen Debatten geht es auch um die Definition des Begriffs von einem vorsorgenden Sozialstaat.

Im Folgenden wird der Versuch unternommen, aus einer geschlechterpolitischen Perspektive zu definieren, was ein "vorsorgenden Sozialstaat" sein und leisten könnte. Eine solche Perspektive, so soll gezeigt werden, bringt neue Fragestellungen in die Diskussion, sie kann aber auch zu geschlechtergerechten Lösungen beitragen. Dazu werden zunächst die Beziehungen zwischen Sozialstaat und Geschlechterverhältnissen diskutiert und anschließend geschlechterpolitische Ziele definiert und konkretisiert. Im dritten Schritt wird die Bedeutung der Care Arbeit für die staatliche Politik und als das Neue in der Aufgabenstellung eines vorsorgenden Sozialstaates herausgearbeitet. Zum Schluss werden mehrere geschlechterpolitische Strategien vorgestellt, mit denen ein vorsorgender Sozialstaat die vorher genannten Ziele erreichen kann.

1 Sozialstaat und Geschlechterverhältnisse

Es gibt mehrere Gründe für eine geschlechterpolitische Perspektive in der Sozialstaatsdiskussion:

Zunächst zeigt ein Blick auf die Realitäten in Deutschland, dass Gleichstellung und Geschlechtergerechtigkeit noch lange nicht hergestellt sind. Der deutsche Sozialstaat liegt im weltweiten Vergleich bezüglich der Gleichstellung der Geschlechter auf dem 12. Rangplatz (WEF 2009). Die Lebenslagen in Deutschland sind immer noch stark über die Geschlechtszugehörigkeit bestimmt. Die Geschlechterdifferenzen sind erheblich (genauer vgl. Kap. 2):

- Frauen arbeiten 2/3 ihrer gesamten Arbeitszeit unbezahlt, Männer nur ein Drittel
- Frauen verdienen im Laufe ihres Lebens nur 42% dessen, was Männer verdienen
- Das geschlechtsspezifische Lohngefälle liegt bei 23 %
- Frauen in Deutschland tragen ein sehr viel höheres Armutsrisiko als Männer
- Männliche Gewalt in der Privatsphäre ist immer noch ein großes Problem

Der Sozialstaat selbst ist dabei als ein wesentlicher Gestalter von Geschlechterverhältnissen zu begreifen (Dackweiler 2004). Der Sozialstaat wird oft als Erfolg der frühen Arbeiterbewegung gesehen. Er diente zur Befriedung der Arbeiter, bot ihnen aber Schutz vor einigen Risiken der kapitalistischen Entwicklung: Schutz vor Krankheit und im Alter. Der Bismarcksche Sozialstaat spiegelte eine Form der Klassenkompromisse wider, die die Arbeiterfrage stellte. Diese Lösungen waren aber androzentrisch ausgerichtet, denn sie lösten die Geschlechterfrage in keiner Weise. Frauen wurden im Bismarckschen Sozialstaat lediglich als schutzbedürftige Arbeitskräfte und als Ehefrauen wahrgenommen. Als Arbeiterinnen sollten sie vor den Auswirkungen der Fabrikarbeit weitestgehend geschützt werden, insbesondere vor Nachtarbeit und vor der sexualisierten Gewalt in den Fabriken. Sie sollten auch bei Schwangerschaft und Mutterschaft geschont werden. Diese speziellen „Frauenprobleme", Schwangerschaft und Mutterschaft, wurden dabei wie eine Krankheit behandelt, als ein Risiko, arbeitsunfähig zu werden. Das Modell des Zusammenlebens der Geschlechter im Bismarckschen Sozialstaat war eindeutig das Familienernährermodell. Auch in den Gewerkschaften wurde dieses Modell favorisiert, der Facharbeiter war stolz, wenn er seine Frau und seine Kinder ernähren konnte. Die konkrete Sorgearbeit war Sache seiner von seinem Verdienst und seinen erworbenen Ansprüchen an soziale Sicherheit abhängigen Ehefrau. Dass es sich bei der Kinderbetreuung um gesellschaftlich nützliche Arbeit handelt, wurde nicht gesehen. Als Folge der Unsichtbarkeit der privaten Sorgearbeit im Rahmen der Ehe waren auch die ersten Schritte zur Verberuflichung von Sorgearbeit, etwa in der Erziehung und der Pflege, durch Formen der Semiprofessionalisierung und entsprechender Unterbezahlung gekennzeichnet.

Der Sozialstaat ist also schon immer geschlechtlich bestimmt und gestaltet die Geschlechterverhältnisse. Geschlechterpolitisch bedeutsam ist dabei die Frage, in welche Richtung diese Gestaltung geht. Auch zur Zeit gibt es viele sozialstaatliche Regelungen und Strukturen, die die Geschlechtergerechtigkeit eher verhindern (vgl. 2.3)

Ein vorsorgender Sozialstaat könnte die Rahmenbedingungen ändern, unter denen sich die Geschlechterverhältnisse entwickeln und dafür sorgen, dass zukünftige Generationen mehr Gleichstellung erreichen. Zum vorsorgenden Sozialstaat gehört deshalb zunächst die Erkenntnis, dass staatliches Handeln, dass also die Sozialversicherungssysteme, die Arbeitsmarktpolitik, die Bildungspolitik und die Gesundheitspolitik auf die Geschlechterverhältnisse wirken und sie gestalten und dass das Ausmaß der Gefährdungen wie Armut, Arbeitslosigkeit, Krankheiten, Ausgrenzung und Gewaltbetroffenheit auch über das Geschlecht/ Gender beeinflusst wird.

Die Herstellung von Geschlechtergerechtigkeit braucht strukturelle Vorsorge. Das bedeutet, dass Strukturen in den Blick genommen werden, die dazu führen, dass problematische Lebenssituationen überhaupt erst entstehen. Auch Geschlechterverhältnisse sind durch Strukturen bestimmt. Die Polarisierung und Hierarchisierung zwischen den Geschlechtern ist keine natürliche sondern eine gesellschaftlich bestimmte und veränderbare Tatsache. Erst die Veränderung der sie erhaltenden Strukturen bietet eine langfristige Sicherung der realen Gleichstellung der Geschlechter. Der vorsorgende Sozialstaat hätte deshalb vor allem die Teilung der Arbeit in private und unbezahlte Sorgearbeit auf der einen und Berufsarbeit auf der anderen Seite und die geschlechtliche Segmentierung der Erwerbsarbeitsmärkte als Rahmenbedingungen für Geschlechterverhältnisse zu verändern.

Dieser Blick ist entscheidend und ergänzt den der Nachsorge. Ein „nachsorgenden" Sozialstaates kümmert sich um diejenigen, die in problematische Lebenslagen geraten sind. Im vorsorgenden Sozialstaat wird die soziale Verantwortung des Staates gegenüber den Bürgern und Bürgerinnen betont und das Vertragsdenken, das Freiheit und Eigentum garantiert, relativiert. Dies kann für eine Egalisierung der Geschlechterverhältnisse genutzt werden.

Mit dem Begriff der Vorsorge ist instrumentell auch eine Art systematische Folgeabschätzung von sozialstaatlichem Handeln gemeint: der vorsorgende Sozialstaat ist ein Staat, der vorausschauend abschätzt, welche Wirkungen seine Handlungen erzielen. Transparente Folgeabschätzungen sind in der Geschlechterpolitik unter der Strategie des Gender Mainstreaming und des Gender Budgeting bereits in der Diskussion und teilweise in der Umsetzung, mit der Definition des vorsorgenden Sozialstaates wird diese Strategie eng verknüpft werden können.

2 Geschlechterpolitische Zielsetzungen für einen vorsorgenden Sozialstaat

Die geschlechterpolitische Zielsetzung, die hier zugrunde gelegt wird, kann in dem dargestellten Dreieck veranschaulicht werden. (vgl. Stiegler 2004, S. 23).

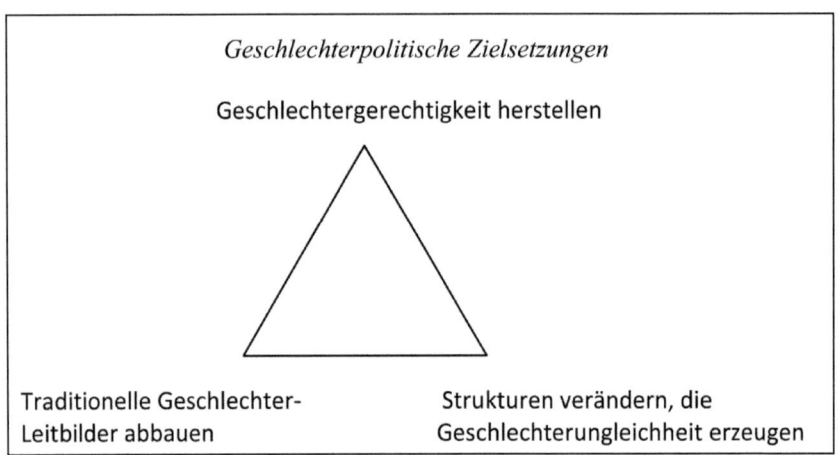

Abb. 1

2.1 Geschlechtergerechtigkeit herstellen

Geschlechterverhältnisse zeigen sich real in der ungleichen Verteilung von *Geld, Arbeit* und *Macht* zwischen den Geschlechtern.

Verteilung von Geld
Entgeltungleichheit zwischen den Geschlechtern ist ein europaweites Problem. Deutschland belegt jedoch, was die Entgeltgleichheit angeht, den drittletzten Platz vor Österreich und den Niederlanden,
    Die Unterschiede in der ökonomischen Situation zwischen Männern und Frauen in Deutschland können allerdings auf verschiedene Weise beschrieben werden. Man kann für Deutschland Einkommensdifferenzen feststellen von 42% (Erwerbseinkommen im Lebenslauf), 24% (durchschnittliches Einkommen bei Volltagserwerbsarbeit) und immer noch 12% (Einkommen bei gleichem Alter, Berufserfahrung, Betriebszugehörigkeit und gleichem Beruf) (Hinz, Gartner 2005).

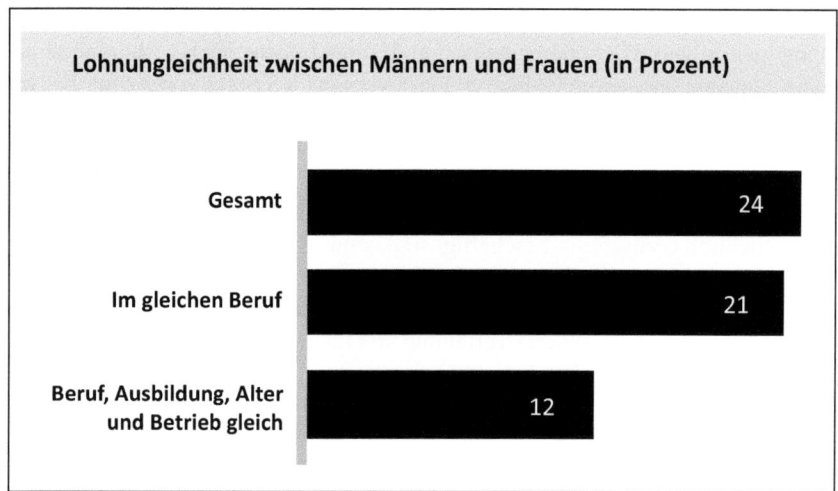

Abb. 2

Für eine sozialstaatliche Vorsorgepolitik ist es besonders nützlich, einen Vergleich anzustellen, der die Lebenslaufperspektive berücksichtigt: Vergleicht man die im Laufe eines Erwerbsarbeitslebens erreichten Einkommen zwischen Männern und Frauen, so kommt man bei den Frauen in Westdeutschland auf einen Anteil von 42% des Männereinkommens, bei den Frauen in Ostdeutschland immerhin auf 70%. Interessant ist, dass Frauen in Westdeutschland, die keine Kinder haben, etwa 84% dessen im Laufe ihres Lebens verdienen, was die Männer verdienen, Frauen in Ostdeutschland 82% (Bericht zur Lohn- und Einkommenssituation von Frauen und Männern 2002, S, 149ff). In diesen Verhältniszahlen spiegeln sich nicht nur die Lohndifferenz zwischen Branchen oder zwischen Berufen, sondern vielmehr auch die Lohneinbußen aufgrund von Teilzeitarbeit und von Unterbrechungszeiten. Die Tatsache, dass Frauen im Verlauf ihres Lebens im Westen nur etwa 42% dessen an Erwerbseinkommen erhalten, was Männer derselben Kohorte erwerben, liegt vor allen Dingen an ihren kürzeren Erwerbsarbeitszeiten im Lebensverlauf. Rentenversicherungspflichtige Männer verbringen etwa 42,6 Jahre innerhalb ihrer erwerbsfähigen Lebensphase in Erwerbsarbeit, Frauen verbringen in ihrer erwerbsfähigen Lebensphase durchschnittlich aber nur 26,1 Jahre im Westen und 36,3 Jahre im Osten in der Erwerbsarbeit. Frauen erreichen demnach nur 69% im Westen und 90% im Osten der entsprechenden Männerarbeitszeiten.

Frauen, die der traditionellen geschlechtlichen Arbeitsteilung in ihren Biographien folgen, verdienen also im Laufe ihres Lebens noch nicht einmal die Hälfte dessen, was vergleichbare Männer verdienen. Direkt von Armut betroffen sind besonders allein erziehende Mütter.

Frauen sind darüber hinaus viel häufiger im Niedriglohnsektor beschäftigt. Während der Frauenanteil bei den Vollzeitbeschäftigten insgesamt bei 35% liegt, beträgt er bei den Geringverdienern 60% (Schank u.a. 2008). Von allen Personen, die ausschließlich geringfügig beschäftigt sind, sind 68 % weiblich (Betzelt 2008).

Auch die Tatsache, dass unter den Reichen – definiert durch einen Einkommensbezug von 200% des durchschnittlichen Einkommens – nur 7 % Frauen sind, belegt die extrem schiefe Verteilung von materiellen Ressourcen zwischen Frauen und Männern (Hirschel 2005).

Verteilung von Arbeit
In Deutschland werden im Jahr (die letzte Zeitbudgetuntersuchung bezieht sich auf 2001) 56 Milliarden bezahlte und 96 Milliarden unbezahlte Arbeitsstunden geleistet – hinzukommen 10 Milliarden Wegestunden (BMFSFJ 2003).

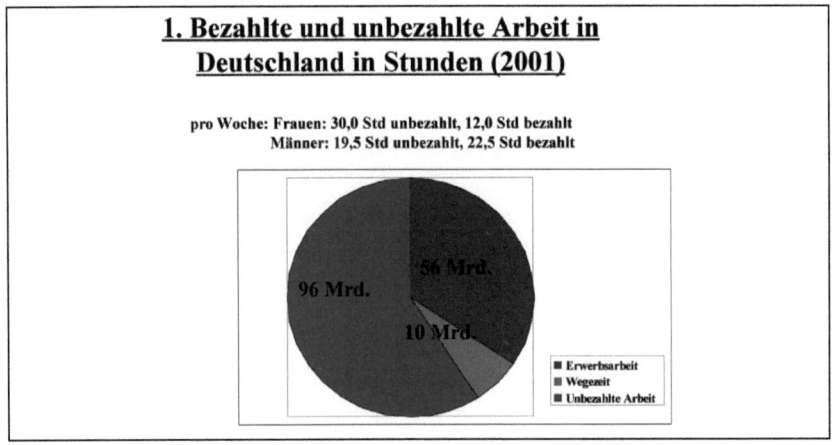

Abb.3

Die 96 Milliarden unbezahlten Arbeitsstunden verteilen sich ungleich auf Männer und Frauen: So kommen Männer auf durchschnittlich 22,5 bezahlte Stunden in der Woche, Frauen dagegen nur auf 12 bezahlte Stunden. Männer leisten umgekehrt 19,5 unbezahlte Stunden, Frauen dagegen 30 unbezahlte Stunden in der Woche. Insbesondere dann, wenn Kinder zu versorgen sind, zeigt sich die geschlechtsspezifische Zuordnung der privaten Arbeit deutlich. Egal, ob ihre Partnerin erwerbstätig ist oder nicht und auch unabhängig davon, wie viele Kinder zu versorgen sind: Väter engagieren sich etwa 1½ Stunden pro Tag bei der Hausarbeit, bei den Müttern sind es, abhängig von der Anzahl der Kinder, zwischen 3 Stunden 50 Minuten und 4 Stunden 50 Minuten. Offensichtlich gibt es so etwas wie eine „gläserne Decke" für Männer in der Beteiligung an der unbezahlten Hausarbeit. In Ostdeutschland ist es sogar zu einer Retraditionalisierung geschlechtsspezifischer Arbeitsteilungsmuster in den letzten Jahren gekommen.

Während die unbezahlte Arbeit im Bereich Kleinkinderbetreuung im Moment politisch diskutiert und immer mehr in professionelle Formen überführt wird, wird ein anderer Bereich bislang völlig vernachlässigt, nämlich die private und unbezahlte Pflege von älteren Pflegebedürftigen. Erste Analysen zeigen, dass es sich dabei um ca. 4,9 Milliarden Stunden unbezahlter Arbeit handelt, ein Arbeitsvolumen, das in etwa 3,2 Millionen Vollerwerbsarbeitsplätzen entspricht (Backes u.a. 2008). Auch in diesem Bereich gibt es eine ungleiche Verteilung der Arbeit: die private, unbezahlte Pflegearbeit wird zu 2/3 von Frauen geleistet.

Verteilung von Macht
Im Führungspositionen sind Frauen in erheblich geringerem Maße als Männer tätig. In den höchsten Spitzenpositionen der 200 größten Unternehmen sind nur 2,5% der Sitze von Frauen besetzt (Holst, Schimeta 2009). Unter den Vorstandsmitgliedern dieser Unternehmen gibt es ebenfalls nur 2,5 % Frauen (Holst, Wiemer 2010). Eine stärkere Differenzierung für Unternehmen und Interessenverbände zeigt ein noch ungünstigeres Bild: in den 87 größten Kapitalgesellschaften der Old Economy stellen Frauen im Durchschnitt nur 1% und in Aufsichtsräten 8% der Sitze. In den Interessenvertretungen von ArbeitnehmerInnen und in Berufsverbänden sieht die Situation mit einem Anteil von einem Fünftel etwas besser aus, von der Gleichstellung ist man aber auch hier noch deutlich entfernt. Selbst in den Fach- und Führungspositionen in allen Beschäftigungsbereichen von Angestellten und Beamten erreicht der Frauenanteil nicht mehr als ein Drittel, obwohl der Anteil der Frauen an der Gesamtbeschäftigung bei 45% liegt (Brader, Lewerenz 2006). Auch der Anteil von Frauen in den Parlamenten, ob im Bund, in den Ländern oder den Gemeinden entspricht nirgendwo ihrem Anteil an den Wählerinnen (Hoecker 1999).

2.2 Traditionelle Geschlechterleitbilder abbauen

Die zuvor dargestellten und analysierten Lebensverhältnisse, die sich nach Geschlecht unterscheiden, sind nun keine natürlichen Ereignisse sondern Folgen und Voraussetzungen von politischen Entscheidungen.

Ein Vergleich zu anderen europäischen Staaten zeigt, dass der deutsche Sozialstaat nach dem Muster des „starken Ernährermodells" konstituiert ist (Dackweiler 2004). Indikatoren dafür sind die geringe kontinuierliche Müttererwerbstätigkeit, die abgeleitete soziale Sicherung der Mütter sowie die im Ausmaß geringen öffentlichen Betreuungsangebote für Kinder. Auch die Regelungen der Pflegeversicherung mit dem niedrigen Pflegegeld unterstützen das Ernährermodell (Backes u.a. 2008). So verfestigt die deutsche Sozialpolitik die hierarchische, polare und duale Geschlechterordnung.

Hinter dieser Geschlechterordnung stehen Leitbilder über die Geschlechter, die im Folgenden in einer dekonstruktivistischen Perspektive analysiert werden. Dabei sollen auch Alternativen zu den herrschenden Leitbildern vorgestellt werden. Dahinter steht die These, dass erst eine Abkehr von traditionellen Leitbildern den Weg zu einer geschlechtergerechten Politik freimacht.

Die Übersicht zeigt die verschiedenen Dimensionen von Geschlecht:

Dimensionen von Geschlecht

Sex
als biologisch definierte Merkmale des Körpers
Desire
als sexuelles Begehren, sexuelle Aktivitäten
Gender
bezeichnet die individuelle Praxis gegenüber gesellschaftlich gegebenen
Regeln für Frauen und Männer;
Erwartungen an Frauen und Männer;
Positionen für Frauen und Männer;
Identifikationsangebote für Frauen und Männer,
bezeichnet die Beziehung zwischen den Geschlechtern
und die Muster ihrer Regulierung
sowie die institutionelle Verankerung dieser Regeln in Organisationen.

In empirischen Erhebungen werden oft Differenzen zwischen männlichen und weiblichen Individuen aufgrund der einfachen Unterscheidung anhand von Körpermerkmalen („sex") festgestellt. Diese Unterschiede können aber in den meisten Fällen nicht auf „sex" zurückgeführt werden. Einfache Begründungen wie „die Frauen sind nun mal anders als die Männer" sind unzureichend. Die Differenzen, die anhand der körperlichen Differenz („sex") festgestellt wurden, müssen vielmehr als Ergebnis eines bestimmten „gender" interpretiert werden. Gender bezeichnet die Aspekte von Geschlecht, die die sozialen, gesellschaftlichen und kulturellen Bedingungen erfasst. Dabei hat Gender zwei Seiten: Zum einen meint es das soziale Geschlecht, mit dem sich ein Individuum identifiziert und das als Antwort auf die kulturellen und gesellschaftlichen Mechanismen zu verstehen ist, denen ein Individuum aufgrund seiner Kategorisierung gemäß dem „sex" unterliegt. Zum anderen meint Gender auch die geschlechterbezogenen Regeln und Mechanismen, die als geschlechtliche nicht deklariert sind, die aber indirekt Gender konstruieren

Die Beachtung der drei Dimensionen von Geschlecht ist aber noch nicht ausreichend, um die konkreten Bedeutungen von Geschlecht zu bestimmen. Die Dimensionen geben nur die Beobachtungsrichtung an, nicht aber die inhaltliche Ausführung.

Zur inhaltlichen Ausfüllung werden im folgenden zwei verschiedene Perspektiven unterschieden: die traditionelle und die alternative.

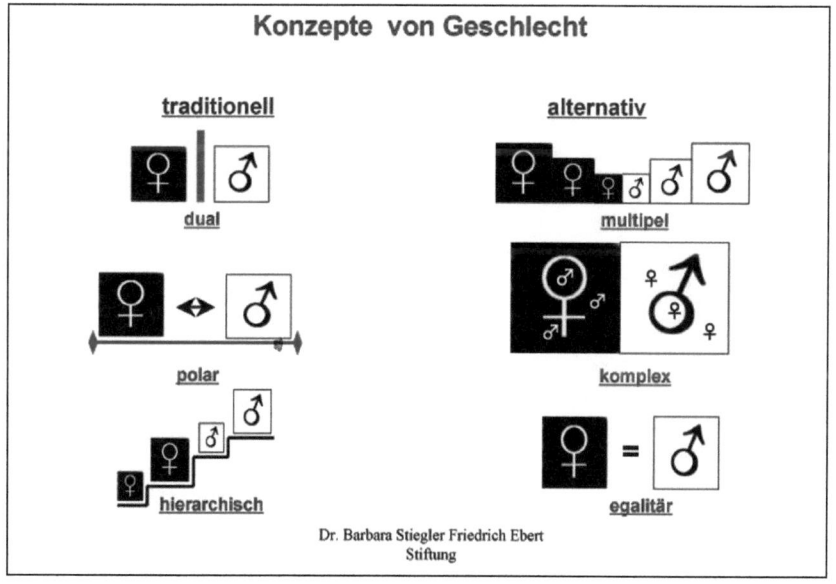

Abb. 4

Traditionelle Geschlechterkonzepte bezeichnen die Geschlechter als
dual: Es gibt nur 2 Geschlechter
polar: Männliches ist Weiblichem entgegengesetzt
hierarchisch: Männliches ist Weiblichem überlegen

Den traditionellen Geschlechterkonzepten folgt eine Vorstellung von Familie, nach der

- letztlich allein die Mutter für die Kinder und die Tochter für die Altenpflege zuständig ist, weniger der Vater oder der Sohn, weniger die Gesellschaft
- die Aufgabe des Ehemannes und Vaters vor allem die finanzielle Versorgung, die der Ehefrau und Mutter aber auch die direkte Betreuung der Kinder und die Pflege alter Menschen ist
- der Vater nicht finanziell von der Mutter seines Kindes abhängig wird, die sorgende Mutter oder Tochter aber von der finanziellen Unterstützung des Ehemannes oder Vaters ihres Kindes bzw. des Staates abhängig wird.

Politisch werden traditionelle Familienvorstellungen z. B. verstärkt

- wenn lange Unterbrechungszeiten zur Kleinkindbetreuung vorgesehen sind, die zu jahrelanger Nichterwerbsarbeit eines Elternteils führen
- wenn keine qualitativ guten Einrichtungen zur Bildung und Erziehung zur Verfügung stehen, die ganztägige Betreuung vorsehen
- wenn Frauenlöhne relativ niedriger sind als Männerlöhne

Aber nicht nur die Familienvorstellungen, auch Strukturen des Arbeitsmarktes folgen den traditionellen Geschlechterkonzepten.

- Dual: die Segregation des Arbeitsmarktes, in der es die Unterscheidung von Männerberufen und Frauenberufen gibt und die von Positionen, die Männern vorbehalten und Positionen, die Frauen vorbehalten sind.
- Polar: in der Zuordnung bestimmter Fähigkeiten und Eigenschaften, wie z.B. Durchsetzungsfähigkeit, rationales Denken, technische Kompetenz zu Männern und Eigenschaften wie Sensibilität, intuitives Denken und soziale Kompetenz zu Frauen, werden berufliche Segregationen durch Polarisierungen zementiert.
- Hierarchisch: die Merkmale, die den Geschlechtern zugeordnet werden, werden in Arbeitsbewertungssystemen in eine Hierarchie gebracht: Die Kompetenzen, die man zur Führung braucht, werden hoch bezahlt, die Kompetenzen, die man zur Unterstützung von Menschen braucht, haben einen geringeren Wert.

Alternative Geschlechterkonzepte bezeichnen die Geschlechter als
vielfältig, statt dual
komplex, statt polar
egalitär, statt hierarchisch.

Den alternativen Geschlechterkonzepten folgt eine Vorstellung von Familie, nach der

- Vater, Mutter, Verwandte, Wahlverwandtschaften, Netzwerke und die Gesellschaft für Kinder und Pflegebedürftige zuständig sind
- Vater und Mutter in gleicher Weise für die finanzielle Sicherheit der Kinder sorgen, aber auch in gleichem Umfang die direkte Betreuung übernehmen, Söhne und Töchter in gleicher Weise die direkte Sorge für Pflegebedürftige tragen
- Kinderbetreuung und Altenpflege mit einer eigenständigen finanziellen Sicherheit für die Betreuungspersonen verbunden ist

Politisch werden alternative Geschlechterkonzepte unterstützt

- wenn ein Mix aus Betreuungsangeboten für Kleinstkinder und Pflegebedürftige vorhanden ist, und alle, die die Betreuung leisten, eigenständig abgesichert sind
- wenn Männer und Frauen ihre Erwerbsarbeitszeit reduzieren, solange die Kinder kleiner sind oder Verwandte zu pflegen sind, und dabei keine spürbaren finanziellen Einbussen haben
- wenn ein qualitativ hochwertiges Erziehungs- und Bildungsangebot für alle Kinder von der Gesellschaft geboten wird, in dem die Kinder das bekommen, was ihnen Eltern und andere Erwachsene in ihrem Umfeld nicht bieten können

Ein geschlechterpolitisches Ziel muss es also sein, Leitbilder zu entwickeln, in denen die Geschlechtergrenzen eher verflüssigt als zementiert werden.

2.3 Strukturen ändern, die Geschlechterungleichheit erzeugen

Sozialstaatliche Regelungen haben ganz konkrete Auswirkungen darauf, wie Männer und Frauen leben. Besonders bedeutsam für die Geschlechterverhältnisse sind zum einen die Strukturen der materiellen Sicherungen, zum anderen die Entscheidungen darüber, welche Aufgaben privat und welche öffentlich zu erfüllen sind.

Strukturen materieller Sicherung im deutschen Sozialstaat

Die erste Säule der materiellen Sicherung bilden *private Unterhaltsansprüche*, die Kinder gegenüber ihren Eltern, die aber auch Ehegatten gegeneinander haben. Durch die Institution Ehe werden die Unterhaltsansprüche abgesichert. Diese Unterhaltsansprüche wirken nicht geschlechtsneutral: aufgrund der polaren Geschlechterbilder und insbesondere der besonderen Rolle der Mutter sind weitaus mehr Frauen von ihren Ehemännern abhängig als Männer von ihren Ehefrauen. Unabhängig von der Wahl, die die Ehegatten bezüglich der Arbeitsteilung getroffen haben, gilt die Familiensubsidiarität: Bevor stattliche Mittel fließen, haben Ansprüche auf Unterhalt an den Ehegatten bzw. sogar die eigenen Eltern und Kinder Vorrang und müssen geltend gemacht werden. Auch dann, wenn die Ehegatten vereinbart haben, materiell eigenständig zu sein, werden sie im Fall längerer Arbeitslosigkeit aufeinander verwiesen. Und diese Regelungen gelten über das Konstrukt der Bedarfsgemeinschaft auch für Menschen, die gar nicht verheiratet sind, jedoch zusammen wohnen.

Durch die Institution Ehe werden ebenfalls abgeleitete Ansprüche an die Sicherung im Krankheitsfall und an die Rentenzahlungen gewährt. In beiden Versicherungssystemen ist also vorgesehen, dass ein Ehepartner, in der Regel die Ehefrau, beitragsfrei Leistungen erhalten kann.

Die zweite Säule der materiellen Sicherung bilden die sozialen Sicherungssysteme im Sozialstaat. Sie sind, historisch betrachtet, entstanden, um den vollerwerbstätigen Facharbeiter als Familienernährer in den Risiken abzusichern, die ihm aufgrund von Arbeitslosigkeit, Krankheit oder Alter drohen. Aufgrund von langjähriger Beitragszahlung erwirbt er Ansprüche. Für Frauen, die aufgrund der traditionellen Familienvorstellungen gar nicht lebenslang voll erwerbstätig sein sollen, ist vorgesehen, dass sie über die Ehe abgeleitete Ansprüche erwerben können. Der Sozialstaat sorgte also indirekt für die Frauen, direkt für die Männer. Das deutsche soziale Sicherungssystem ist erwerbszentriert und damit androzentrisch. Viele Beschäftigungsverhältnisse, (prekäre, Minijobs, geringfügige) werden gar nicht in dem Sicherungssystem erfasst, das heißt, wer in einem solchen Beschäftigungsverhältnis steht, hat darüber keine Absicherung, ist also auf eine andere Säule der materiellen Sicherung angewiesen. Der Sozialstaat setzt auf die geschlechtsspezifische Arbeitsteilung, stellt aber auch die Weichen dafür, dass die weiterhin aufrechterhalten bleibt.

Die dritte Säule der materiellen Sicherung bildet die Erwerbsarbeit. Das Steuersystem bestimmt, welche Abgaben für welche Arbeitseinkommen anfallen. Durch das Ehegattensplitting und die Steuerklassenregelung belohnt es die traditionelle Ernährerrolle: am meisten spart man Steuern, wenn es einen gut verdienenden Ehepartner und einen gar nicht verdienenden gibt (Färber u.a.2008). Der finanzielle Vorteil des Ehegatten-Splittings, also der jährliche Ausgleich der Steuerbelastungen durch Teilung der Gesamteinkommen und zweifachen Besteuerung der Hälften, kommt weder denen, die relativ wenig Steuern zahlen, noch denen, die etwa gleichviel oder gleich wenig verdienen, zugute. Wo wenig Steuerschuld anfällt, gibt es auch keinen Splitting-Vorteil. Für die Frauen, in deren Ehe der Splitting-Vorteil zum Tragen kommt, nämlich dann, wenn sie sehr viel weniger verdienen als der Ehemann, wird aber gleichzeitig durch die Splitting-Regelung die Abhängigkeit vom Ehemann zementiert. Sie erhalten nämlich die Steuerentlastung nicht aufgrund ihrer Arbeit, entweder ihrer Erwerbs- oder ihrer unbezahlten Arbeit, sondern nur aufgrund ihrer ehelichen Beziehung. Das Lohnsteuerverfahren ist ebenfalls nach dem Muster des Familienernährers und der zu unterhaltenden Gattin geprägt und trägt damit indirekt zur potentiellen Verarmung von Ehefrauen bei (Spangenberg 2005). Sind beide Partner erwerbstätig, stehen sie vor der Wahl der Steuerklasse, und in der Regel wählen sie die Kombination der Steuerklassen, die das Einkommen der weniger Verdienenden, meistens der Ehefrau, sofort hoch besteuert, so dass sie zunächst einen geringeren Nettoverdienst erhält. Dadurch werden aber nicht nur ihre aktuellen finanziellen Verfügungsmöglichkeiten eingeschränkt, auch die vom Nettolohn abgeleiteten Leistungen wie Arbeitslosengeld oder Unterhaltsgeld bei Weiterbildungsmaßnahmen nach dem Arbeitsförderungsgesetz sind sehr viel geringer. Solche Konsequenzen müssen Ehemänner wegen des höheren Nettobetrages nicht in Kauf nehmen.

Strukturen privat und öffentlich zu erfüllender Aufgaben

Die realen Lebensformen im Geschlechterverhältnis werden neben den materiellen Sicherungsmöglichkeiten auch über die Angebote des Sozialstaates gesteuert. Je mehr die traditionell im Rahmen der Familie geleisteten Aufgaben zu öffentlichen Angeboten werden, umso weniger werden die Geschlechterverhältnisse sich polarisieren und hierarchisieren. Wenn z. B. nur für 5% aller Kinder unter 3Jahren eine öffentliche Betreuungsmöglichkeit zur Verfügung steht, so ist damit für die übrigen 95% privat zu sorgen, – bei den herrschenden Geschlechterbildern eine Aufgabe, der sich vor allem die Mütter unterziehen. Dasselbe gilt für das zeitliche Ausmaß der vorschulischen und schulischen Betreuung: wo es an öffentlichen Angeboten fehlt, sei es für die tägliche Versorgung und Betreuung, oder in den Ferienzeiten müssen die Kinder privat versorgt werden. In der Realität sind es die Mütter, die „Betreuungspakete" schnüren (Knijn 2004) und dabei Ressourcen aus öffentlichen Angeboten, Ressourcen von Familienangehörigen und Freunden sowie Nachbarn aber auch über den Betreuungsmarkt und aus dem gemeinnützigen Sektor schöpfen. Das Problem ist, dass den vielfältigen Ressourcen keine entsprechenden Rechte entsprechen, die Mütter also immer wieder neu aushandeln und jonglieren müssen, im Zweifelsfall selbst einspringen und ihre eigene Erwerbsarbeit hintanstellen. Die vor allem unter Müttern verbreitete Teilzeitarbeit ist eine Antwort auf die mangelnden öffentlichen Angebote der Betreuung zulasten der eigenständigen finanziellen Sicherung der Mütter. Was für die Kinderbetreuung gilt, gilt ebenso für die Betreuung von Kranken und Alten. Je weniger öffentliche und für alle finanzierbare Angebote es gibt, desto mehr private und unbezahlte Arbeit gibt es für Frauen.

Je teurer die öffentlichen Angebote sind, desto mehr kommt es zu einer Spaltung auch zwischen Frauen: Gering verdienende Frauen können sich teure Angebote gar nicht leisten und machen die Betreuungsarbeit wiederum selber und verbleiben in der Abhängigkeit vom Ehemann oder vom Staat (Grundsicherung). Gut verdienende Frauen und Männer können sich Betreuungsarbeit und Hausarbeit auf dem (Schwarz) Markt einkaufen und schaffen dadurch einen Niedriglohnsektor für gering qualifizierte Frauen und Migrantinnen. Migrantinnen verlassen ihr Herkunftsland und ihre Kinder, um in den reichen Ländern die hinterlassene Care Arbeit zu verrichten (Thiessen 2003). Solange die notwendige Care Arbeit nicht in öffentlich getragener, qualifizierter und von allen bezahlbarer Form angeboten wird , wird es neben dem „brain drain" immer stärker auch einen „care drain" geben.

Die genannten sozialstaatlichen Strukturen schaffen also einerseits finanzielle Anreize für Lebensweisen der Geschlechter, die den polaren, dualen und hierarchischen Geschlechterbildern entsprechen und die Frauen eher arm und abhängig machen, anderseits sind sie aber auch politisch gestaltbar..

Zusammenfassend werden die oben ausgeführten geschlechterpolitischen Ziele für einen vorsorgenden Sozialstaates auf dessen Handlungsfelder bezogen.

Öffentliche Güter
Quantitativ ausreichende und qualitativ hochwertige Einrichtungen für Betreuung, Erziehung, Bildung, Gesundheit und Pflege sind für jede/n zugänglich. Als öffentliche Güter sind diese Einrichtungen nicht dem Marktwettbewerb ausgesetzt. Die Aufwendungen des Staates für diese Bereiche gelten als unverzichtbar.

Bekämpfung von Armut, die aufgrund der Geschlechterverhältnisse entsteht und sich verschärft
Eheliche Abhängigkeit aufgrund von Unterhaltsansprüchen wird verringert, Unbezahlte Care Arbeit für Angehörige wird zwischen den Geschlechtern gerecht verteilt und verleiht denjenigen, die sie tun, eigenständige soziale Rechte und

Schutz. Es gibt eine Care-Teilzeitregelung, die lohnabhängige Ersatzleistungen für Care-Arbeit beinhaltet (analog der Altersteilzeitregelung).
Kein Niedriglohn für Care Berufe, keine prekären Arbeitsverhältnisse im Bereich personenbezogener Dienstleistungen

Degendering in der Arbeitsmarktpolitik
Personennahe Dienstleistungsberufe werden den technischen Berufen in Ausbildung, Bezahlung und Fortkommensmöglichkeiten gleichgestellt
Geschlecht gilt nicht mehr als Eignung für bestimmte Berufe
Geschlecht ist weder ein Hindernis noch ein Privileg im Erwerbssystem

Vorsorge im Bildungssystem
Jungen können im Schulsystem genauso erfolgreich lernen wie Mädchen
Antigewalttrainings und das Erlernen von Konfliktlösungsstrategien sind Bestandteile des Unterrichts
Antisexistische Jungenarbeit und emanzipatorische Mädchenarbeit im Bereich der Jugendhilfe

Vorsorge im Gesundheitssystem
Männer haben dieselbe Lebenserwartung wie Frauen
Der Einfluss des Faktors Geschlecht bei der Entstehung und Bekämpfung von Krankheiten ist bekannt und wird berücksichtigt

Vorsorge durch Gewährleistung der Unversehrtheit
Sexismus in Form von sexuellen Übergriffen, sexueller Ausbeutung und jede Form der Ausübung männlicher Gewalt im privaten und öffentlichen Raum wird geächtet und verhindert

Vorsorge durch Teilhabe
Frauen haben genauso wie Männer an allen Positionen in Wirtschaft, Gesellschaft und Politik teil
Vaterschaft hat dieselben Konsequenzen für die Lebenslage wie Mutterschaft

3   Vorsorge des Sozialstaates und Sorgearbeit

Sorgearbeit ist ein wichtiger Teil gesellschaftlich notwendiger Arbeit. Auf die Frage, was gesellschaftlichen Wohlstand produziert, lautet die marktliberale Antwort: die Wirtschaft und ihr Wachstum. Insbesondere wird dabei an die Güter produzierende Wirtschaft gedacht. Aber auch in den privaten Haushalten, in der Familie, wird Wohlstand produziert und ebenso ist der Wohlstand abhängig von der Qualität der personenbezogenen Dienstleistungsarbeit, die als Erwerbsarbeit organisiert ist. Die Arbeit in den Haushalten und in den personenbezogenen Dienstleistungsberufen wird in der feministischen Diskussion als Care-Arbeit bezeichnet. Diese Arbeit umfasst Hausarbeit, Betreuungs- Pflege- und Erziehungsarbeit, aber auch den gesamten Komplex typisch weiblich konnotierter Tätigkeiten im sozialen Ehrenamt sowie den Bereich der persönlichen Dienstleistungen, die im Erziehungs- und Gesundheitswesen erbracht werden.

Der vorsorgende Sozialstaat muss neue Modelle für die Organisation dieser Sorgearbeit entwickeln.

Die auch auf europäischer Ebene zu findende Empfehlung einer Abkehr vom Ernährermodell zugunsten des Zweiverdiener Modells („Adult-Worker-Modell"), die einer modernen Arbeitsmarkt und Sozialpolitik zu entsprechen scheint, vernachlässigt die Sorgearbeit. Nach diesem „modernen" Modell ist jeder und jede Erwachsene erwerbstätig und erreicht die soziale Sicherheit über diese Erwerbstätigkeit. In diesem Modell gibt es keine Geschlechter, keine Geschlechterverhältnisse und keine strukturell verankerten sozialen und ökonomischen Ungleichheiten. Die Menschen werden als freie Individuen angesehen, die sich unterschiedlich erfolgreich im Markt verhalten (Winker, Carstensen 2008).

Mit der Geschlechterblindheit ist gleichzeitig eine Verleugnung der gesamten unbezahlten Betreuungs-, Erziehungs- und Pflegearbeit verbunden, die im privaten Raum geleistet wird. Diese, überwiegend den Frauen zugeschriebene Arbeit, bildet zwar die Voraussetzung dafür, dass Arbeitskräfte überhaupt erwachsen werden, dann fit für den Markt jeden Tag bereit stehen, also der Markt überhaupt funktionieren kann. Diese Arbeit aber wird ausgeblendet und zur privaten Angelegenheit deklariert. Ein solches Denken beleuchtet nur die starken Seiten des Individuums, seine Angewiesenheit auf Hilfe von anderen bei Pflegebedürftigkeit, in der Kindheit, bei Krankheit oder im Alter bleiben außen vor und damit auch die entsprechenden Sorgearbeiten. Eine solche Denkweise, die den Menschen einseitig als aktiv, selbstverantwortlich und stark bestimmt, polarisiert und hierarchisiert: Passive, abhängige und schwache Menschen kommen nicht vor, und die mit Passivität, Abhängigkeit und Schwäche verbundene Arbeit wird ausgeblendet.

Diejenigen, die diese leisten, gelten dann als nicht individualisiert, denn sie müssen in Abhängigkeit von Partnern oder vom Staat verbleiben. Die private, unbezahlte Arbeit wird aber über die Geschlechtszugehörigkeit zugewiesen, sodass es überwiegend Frauen sind, die nur über abgeleitete Rechte finanzielle Sicherungen bei Krankheit und im Alter erhalten.

Wer die unbezahlte Arbeit in welcher Weise in Zukunft macht, das ist die entscheidende Frage für den vorsorgenden Sozialstaat.

Bevor Arbeitsmarkt- und Wirtschaftspolitik nach dem Zweiverdiener Modell ausgerichtet werden, muss vorab geklärt werden, wer in welcher Form für die noch privatisierte Arbeit zuständig sein soll. Nur wenn man als Erwachsenen, als" Adult", eine Person definiert, die sich auch für seine eigene Reproduktion verantwortlich fühlt, also die Arbeit für sich selbst und die eigenen Kinder und abhängigen Personen im privaten Umfeld leistet, kann das Zwei Verdiener Modell zur Geschlechtergerechtigkeit beitragen. Es liegt auf der Hand, in welch gravierender Weise sich die Geschlechterverhältnisse verändern würden, wenn ein solches „Adult worker Modell" zugrunde gelegt würde: die verbreitet Praxis von erwerbstätigen Müttern und Töchtern würde auch für Väter und Söhne selbstverständlich.

Auch die Einstellungen und Wünsche von vielen Frauen und Männern entsprechen immer weniger dem „Breadwinner" Modell, das den für Westdeutschland typischen und auf Ostdeutschland übertragenen sozialen Sicherungssystemen zugrunde liegt.

Das traditionelle Hausfrauenmodell ist in den Einstellungen von Ost- und Westdeutschen Frauen nicht mehr dominant. Wenn dennoch viele Familien weiterhin nach traditionellen Mustern leben, dann liegt das an den mangelhaften Möglichkeiten zur Vereinbarkeit von Familien- und Berufsarbeit.

Viele junge Frauen fühlen sich nicht mehr wegen ihrer Geschlechtszugehörigkeit benachteiligt, wenn sie aber die Rahmenbedingungen sehen, mit denen sie als Mutter leben müssen, widerspricht dies ihren Vorstellungen von einer gleichberechtigten Partnerschaft, in der beide sowohl ihre Existenz eigenständig sichern als auch sich um die Betreuung von Kindern kümmern können. Auch viele junge Männer fühlen sich in der Zuweisung der ausschließlichen Erwerbsarbeit nicht mehr angesprochen, sie möchten genauso den anderen Teil des Lebens, Kinder und Kinderbetreuung, mitgestalten. Die politische Aufgabe besteht nun darin, die Lebensverhältnisse von Männern und Frauen so zu gestalten, dass sich ihre Vorstellungen verwirklichen lassen. Neuere Untersuchungen zeigen, wie unzureichend die Unterstützung ist: Paare, die in einer nicht traditionellen Form die Erwerbsarbeit und die unbezahlte Arbeit miteinander wirklich teilen, stoßen an vielen Stellen an Grenzen: Steuersystem, Arbeitskulturen und Infrastrukturangebote behindern das Leben nach dem gleichberechtigten Modell.

Die demographische Entwicklung mit dem vorausgesagten Geburtenrückgang kann auch als eine Verweigerung der jüngeren Frauen, unter den herrschenden Bedingungen Kinder in die Welt zu setzen und als eine Reaktion von jungen Männern auf die Leitbilder und Anforderungen, denen sie in der Erwerbswirtschaft ausgesetzt sind, interpretiert werden. Folgen des Geburtenrückgangs sind auch strukturelle Veränderungen im Alteraufbau: die Anzahl der 3- bis 6-Jährigen sinkt bis 2015 um etwa 20%, während die Anzahl der Pflegebedürftigen steigt

- bis 2015 um 25%,
- bis 2050 sogar um 76 %.

Bei den Männern beträgt diese Steigerungsrate 40% (bis 2050: 88%), bei den Frauen 20% (2050: 72%).

Care Arbeit verändert also ihren Schwerpunkt: bei sinkender Kinderzahl wächst der Bedarf an Pflege und Betreuung für alte Menschen, deren Lebenserwartung sich immer mehr verlängert.

Auf diese Entwicklung muss ein vorsorgender Sozialstaat reagieren.

Chancen:
Sowohl die Care Arbeit für kleine Kinder als auch die für alte Menschen wird zwischen Männern und Frauen gerecht geteilt: Väter sorgen in gleicher Weise wie Mütter für die Kinder, Söhne kümmern sich in gleicher Weise um ältere Angehörige wie Töchter. Erwerbsarbeitsbedingungen sind auf die Anforderungen der Care Arbeit von Müttern, Vätern und pflegenden Erwachsenen abgestimmt, es gibt bezahlte Zeiten für diese Arbeit und keine Einbrüche im beruflichen Fortkommen. Der Staat stellt qualitativ gute Einrichtungen für Kinder und alte Menschen in ausreichendem Umfang zur Verfügung.

Risiken:
Es bleibt bei der geschlechtsspezifischen Arbeitsteilung, der Staat belässt große Teile der Kinderbetreuung und Altenpflege im privaten Bereich und diese Arbeit bleibt den Frauen zugeordnet. Dann können sich in Zukunft zwar mehr Frauen der Kinderbetreuung entziehen, die Pflegeverpflichtung wird sie aber an einem kontinuierlichen Berufsverlauf hindern. Frauen ohne Kinder können zunächst ein Leben wie die Männer führen, werden aber ab der Lebensmitte mit den Pflegeanforderungen konfrontiert. Bisher pflegen Frauen zulasten ihrer eigenen Erwerbsarbeit: 16% der Hauptpflegepersonen haben ihre Erwerbsarbeit aufgegeben, 14% eingeschränkt (vgl. Backes u.a.2008). Zwischen den Männern gibt es weiterhin keine Spaltung aufgrund der familialen Situation. Sie bleiben reproduktionsvergessen wie bisher, für sie ist es gleichgültig, ob sie Kinder haben oder nicht, ihr kontinuierlicher Berufsverlauf wird weder durch Kinder noch durch alte Menschen gestört. Männer beschränken sich wie heute auf die „management elder care", übernehmen also eher die Organisation des Lebens der älteren Menschen, nicht aber die alltägliche, körpernahe Betreuung und Pflege.

Ein vorsorgender Sozialstaat stellt sich der Verantwortung für die Wohlfahrt und das gute Leben für alle Gesellschaftsmitglieder, er thematisiert die gesamte Sorgearbeit, prüft und gestaltet sie.

Ein vorsorgender Sozialstaat beugt der Polarisierung und Hierarchisierung der Geschlechter vor, er vermeidet, dass Abhängigkeiten über die Arbeitsteilung entstehen. In einem vorsorgenden Sozialstaat erfolgt die Individualisierung nicht nur über die Erwerbsarbeit, sondern die privat und unbezahlt erbrachte Sorgearbeit bietet eigenständige Rechte und Ansprüche auf soziale Sicherheit, – es gibt ein abgestimmtes System von privater und öffentlicher Sorgearbeit. Privat zu leistende und berufliche Sorgearbeit ist zwischen den Geschlechtern gerecht verteilt.

Die persönliche Verantwortung der Männer für die Arbeit, die ihre kleinen Kinder und ihre älteren Verwandten verursachen, muss gestärkt werden und die Erwerbsarbeitsbedingungen auf die Care Arbeit abgestimmt werden: bezahlte Kinderbetreuung und Altenpflege und flexible Arbeitszeiten für Care Arbeitende, sowohl für Männer als auch für Frauen. Darüber hinaus müssen die herrschenden Leitbilder des „Arbeitskraftunternehmers", der die ihn bedrohenden Risiken selbstverantwortlich managen kann, in Frage gestellt werden. Solche Leitbilder, egal ob sie für Frauen oder Männern gelten, verkennen, dass Menschen auch hilfebedürftig sind, dass sie auch klein, alt oder krank sind und damit auf die Care Arbeit anderer angewiesen sind. Der neoliberale Blick auf die Gesellschaft beschränkt sich auf den Markt und die Eigenverantwortung, ohne zu berücksichtigen, dass Menschen auch jenseits vom Markt voneinander abhängig sind. Im Folgenden werden diese beiden Perspektiven einander gegenüber gestellt.

Neoliberale Perspektive:
Der Sozialstaat wird als „alter Versorgungsstaat" denunziert,
Vorsorgende Perspektive:
Die Chancen gesellschaftlicher Gestaltung von Sorgearbeit werden wahrgenommen.

Neoliberale Perspektive:
Der Sozialstaat alten Musters produziert Menschen, die passiv auf Hilfe warten.
Vorsorgende Perspektive:
Vorsorge und Nachsorge sind Aufgaben des Sozialstaates. Wenn Strukturen versagen, haben die Menschen einen Anspruch auf Hilfe. Mütterlichkeit wird generalisiert.

Neoliberale Perspektive:
Der Staat hat die Dienstleistungsfunktion für die globalisierte Ökonomie zu erbringen
Vorsorgende Perspektive:
Die globalisierte Ökonomie hat ihren Beitrag zur Herstellung von Wohlfahrt und Geschlechtergerechtigkeit zu erbringen und dies garantiert der Staat.

Neoliberale Perspektive:
Kollektive und solidarische Sicherungssysteme gelten als unzeitgemäß und werden eingeschränkt: der und die einzelne sollen für sich selber sorgen
Vorsorgende Perspektive:
Die Stabilität der solidarischen Sicherungssysteme wird gefördert, Eigenvorsorge wird nur im Umfang des jeweils möglichen verlangt.

Neoliberale Perspektive:
Die Eigenverantwortung der Individuen erhält den höchsten Stellenwert. Das Sicherheitsnetz mit Ansprüchen soll in ein Sprungbrett in die Eigenverantwortung umgewandelt werden.
Vorsorgende Perspektive:
Die gesellschaftliche Bedingtheit vieler Lebenslagen, auch die der Geschlechter, wird erkannt und es werden Strukturen geschaffen, die Gefährdungen abbauen.

Neoliberale Perspektive:
Wohlfahrt kann allenfalls durch Spenden und Almosen gewährleistet werden
Vorsorgende Perspektive:
Wohlfahrt basiert auf sozialen Bürgerrechten mit Ansprüchen und Leistungsgarantie.

Neoliberale Perspektive:
Die Nutzung des Humankapitals ist das wichtigste Ziel der Wirtschaft und der Politik
Vorsorgende Perspektive:
Die Erweiterung des Handlungsspielraumes und der gleichberechtigte Zugang zu gesellschaftlichen Ressourcen ist das oberste Ziel

Neoliberale Perspektive:
Soziale Rechte einzufordern gilt wegen der Bedeutung des Marktes eher als unbotmäßig, Lohnnebenkosten, die für soziale Sicherung ausgegeben werden, gelten als wettbewerbsschädlich.

Vorsorgende Perspektive:
Der Staat sorgt für mehr Mitbestimmungs- und Gestaltungsrechte, um die individuelle und kollektive Handlungsautonomie zu verbreitern, Lohnnebenkosten sind Investivkosten für das Wohlergehen in Zeiten von Krisen.

Neoliberale Perspektive:
Fast alle Lebensbereiche werden unter ökonomischen Aspekten betrachtet, gemäß dem privatkapitalistischen Marktmodell restrukturiert und betriebswirtschaftliche Effizienzkriterien und Konkurrenzmechanismen werden generalisiert.
Vorsorgende Perspektive:
Öffentliche Güter wie Betreuung, Erziehung, Bildung, Gesundheit und Pflege folgen einer anderen Logik und beziehen die Kriterien notwendiger Qualitätssicherung nicht aus dem ökonomischen Diskurs sondern bezogen auf die Bedürfnisse der jeweils Betroffenen.

Neoliberale Perspektive:
Soziale Risiken werden re-individualisiert. Der Staat entledigt sich seiner sichernden Funktion, bürdet die Aufgabe dem/der einzelnen auf.
Vorsorgende Perspektive:
Der Staat lässt nicht zu, dass privatwirtschaftlich organisierte Angebote die ehemals öffentliche Leistung im Bereich Betreuung, Erziehung, Bildung, Gesundheit und Pflege ersetzen.

Neoliberale Perspektive:
Männlich konnotierte Werte wie Selbstverantwortung, Wettbewerb und Unabhängigkeit sind hegemonial und alternativlos.
Vorsorgende Perspektive:
Weiblich konnotierte Werte wie Fürsorge, Abhängigkeit und Kooperation erhalten eine Aufwertung.

4 Geschlechterpolitische Strategien für einen vorsorgenden Sozialstaat

Im Folgenden werden verschiedene geschlechterpolitische Strategien in ihrer Reichweite zueinander bestimmt.

4.1 Antidiskriminierung

Bei der Antidiskriminierungsstrategie geht es um die Beseitigung jeder Form von Benachteiligung, von Nichtbeachtung, von Ausschluss oder von Ungleichbehandlung einzelner Menschen oder Gruppen auf Grund ihnen angedichteter oder in einem bestimmten Zusammenhang nicht relevanter Merkmale. Nicht jede Form von Ungleichbehandlung ist eine Diskriminierung, sondern nur die Ungleichbehandlung, die ungerechtfertigt ist.

Die europäischen Antidiskriminierungsrichtlinien bezeichnen unter anderem die Felder, in denen das Geschlecht keine Rolle spielen darf. Das Verbot der Ungleichbehandlung aufgrund der Geschlechtszugehörigkeit ist im Hinblick auf Bildung, Gesundheits- und Sozialleistungen sowie auf den Zugang zu öffentlich angebotenen Gütern und Dienstleistungen sowie privatrechtlichen Versicherungen erweitert worden. Darüber hinaus wird die sexuelle Belästigung als benachteiligende Handlung gewertet. Ungleichbehandlungen in diesen Feldern sind erst in der letzten Zeit ins öffentliche Bewusstsein gekommen, nicht zuletzt durch Kampagnen von Frauen.

Diskriminierung bezieht sich beim Merkmal Geschlecht ausdrücklich auf zwei der drei Aspekte von Geschlecht (vgl. 2.2): auf sex (hier vor allem Schwangerschaft und Mutterschaft), sowie auf desire (sexuelle Orientierung). Damit sind Ungleichbehandlungen als Diskriminierungen anerkannt, wenn sie sich auf die sog. biologische Geschlechtszugehörigkeit und auf die sexuelle Orientierung beziehen. Diskriminierungen, die auf Grund von Geschlechterrollen, von Gender, erfolgen, sind nicht ausdrücklich erfasst. So bleibt es zunächst offen, ob die Nichteinstellung einer Mutter mit 3 kleinen Kindern eine Diskriminierung ist, wenn ein Vater mit 3 kleinen Kindern ohne Bedenken eingestellt wird.

In der juristischen Diskussion wird seit langem zwischen der unmittelbaren bzw. direkten und der mittelbaren bzw. indirekten Diskriminierung unterschieden. Die unmittelbare Diskriminierung liegt dann vor, wenn Personen auf Grund eines Merkmals direkt ausgeschlossen werden, die mittelbare Diskriminierung liegt dann vor, wenn sich eigentlich geschlechtsneutral formulierte Regelungen in der Realität so auswirken, dass sie eine Merkmalsgruppe benachteiligen. Der Tatbestand Diskriminierung kann danach also in direktem Verhalten, also interaktivem Geschehen, festgemacht werden, er kann aber auch in den Wirkungen von Regelungen und Normen bestehen.

Die Erweiterung des Verständnisses von Diskriminierung um die mittelbare und indirekte Diskriminierung war ein geschlechterpolitischer Fortschritt. Die indirekte Diskriminierung bezieht sich auf den Effekt von Regelungen. Sie bedarf einer Effizienzkontrolle von Regelungen im Hinblick auf geschlechterpolitische Zielsetzungen. Es geht also nicht nur um die formale Gleichbehandlung (unmittelbare Diskriminierung), sondern auch um die Herstellung und die dauerhafte Aufrechterhaltung von Ergebnissen, die durch die entsprechenden Behandlungen erzielt werden. Dabei ist die äußere Form der Regelung nicht entscheidend, sondern der materiell-rechtliche Gehalt bzw. ihre Folgewirkungen.

Die Strategie der Antidiskriminierung als geschlechterpolitische Strategie hat jedoch auch ihre Grenzen:

Erste Grenze: Sexismus als Ursache wird nicht berücksichtigt.

Die direkte und die indirekte Diskriminierung basiert unter anderem auch auf kognitiven Strukturen, Vorurteilen, geschlechtsbezogenen Rollenerwartungen und auf Alltagstheorien. Bei Diskriminierungen aufgrund des Geschlechts liegen bei den diskriminierenden Personen oft Konzepte vor, die mit dem Begriff Sexismus bezeichnet werden. Diese Konzepte werden aber mit der Antidiskriminierungsstrategie nicht berührt.

Zweite Grenze: Schwerpunkt liegt auf individueller Benachteiligung.

Jede Antidiskriminierungsstrategie zielt zunächst auf die individuelle Gleichbehandlung eines bestimmten Mannes und einer bestimmten Frau: die Zugehörigkeit zu einem Geschlecht darf für bestimmte Entscheidungen keine Rolle spielen. Es geht um Verhalten, das zur Ausgrenzung und Ungleichheit führt. Mit der Rechtsform der indirekten Diskriminierung geht die Antidiskriminierungspolitik einen Schritt weiter, hier geht es um die Effizienzkontrolle von Regelungen, und es kommen die Ausgangsbedingungen und die Regelungen, die zu Differenzierungen der geschlechtlichen Lebenslagen führen, in den Blick. Eine Antidiskriminierungsstrategie bezieht sich also sowohl auf die individuelle Person (als Frau oder Mann) als auch auf Gruppen (Frauen und Männern).

Geschlechterverhältnisse zeichnen sich durch Asymmetrien aus, die sich in direkt an das Geschlecht gebundenen Nachteilen ablesen lassen, durch geschlechtsspezifische soziale Ungleichheiten und durch Gewaltverhältnisse zwischen den Geschlechtern. Die Antidiskriminierung bezieht sich zunächst auf die Asymmetrien, die an das Geschlecht individuelle Nachteile knüpft, die indirekte Diskriminierung bezieht sich auch auf geschlechtsspezifisch soziale Ungleichheiten, die zwischen den Geschlechtergruppen zu finden sind. Diese Ungleichheiten werden durch sozialstrukturelle Arrangements aufrechterhalten. Die geschlechtsspezifische Ungleichheit von Männern und Frauen, ihre Lebenslagen werden jedoch bei der Antidiskriminierungspolitik immer nur als Rahmenbedingungen gesehen, sie sind nicht selber Ziel der Veränderung. So kann es passieren, dass die Folgenbeseitigung diskriminierender Regelungen zu einer Verfestigung der ungleichen Strukturen führt: Wenn z. B. Teilzeitarbeitsplätze bezüglich des Rentenanspruchs mit Vollzeitarbeitsplätzen gleichgestellt werden, ist dies eine klare Antidiskriminierungsstrategie, da vor allem Frauen Teilzeitarbeitsplätze haben, und Frauen nicht benachteiligt werden dürfen, andererseits wird dadurch aber nicht an der geschlechtlichen Arbeitsteilung selbst gerüttelt, als deren Folge viele Frauen dies Teilzeitarbeitsplätze mit der entsprechenden Lohneinbuße einnehmen.

Eine Antidiskriminierungspolitik zielt also nicht auf die Aufhebung von Macht und Herrschaft im Geschlechterverhältnis. Sie verlangt nicht, dass Frauen und Männer dieselben Arbeiten verrichten. Dies gilt auch für die anderen Merkmale: Antidiskriminierungspolitik bedeutet nicht, dass Behinderte so viele Ressourcen bekommen, dass die gesellschaftlichen Behinderungen völlig abgebaut werden, dass alte Menschen, egal welchen soziökonomischen Status sie haben, einen Anspruch auf ein gutes Leben haben, oder dass Migranten oder Migrantinnen willkommen wären und jedwede Förderung bekämen. Vielmehr geht es hier nur darum, Menschen und Gruppen von Menschen, denen ein bestimmtes Merkmal zugeordnet wird, in bestimmten Rechtssystemen (Arbeitsrecht, Zivilrecht) nicht zu benachteiligen. Antidiskriminierung ist damit nur eine Strategie zur Verhinderung von Ungleichbehandlungen, sie ist reaktiv, und überwiegend einzelfallbezogen.

4.2 (Frauen)förderung/Quotierungsregelungen

Die Strategie der Frauenförderung setzt an einer anderen Stelle an, sie will durch die kollektive Förderung von Frauen gegen strukturelle Defizite angehen, entwickelt korrigierende Programme und ist eine direkte Intervention kompensatorischer Art im Interesse einer Gruppe von Frauen.

Frauenförderung ist ein Ansatz, der wenigstens für den öffentlichen Dienst in Deutschland gesetzlich verankert werden konnte. Frauenförderung setzt an den kulturellen Geschlechterbestimmungen (gender) an und zielt auf Personen, die im Sinne einer traditionellen Weiblichkeit behandelt, sozialisiert oder als solche wahrgenommen werden. Frauenförderung bezieht sich immer auf eine bestimmte Gruppe von Frauen, die als solche besonders definiert wird, auf Mütter, Ehefrauen, pflegende Töchter, auf Frauen in unteren Positionen von Hierarchien oder in spezifischen Berufen. Die Frauenförderung basiert zunächst auf der Analyse der Beteiligung der Geschlechter in den verschiedenen Positionen und Bereichen, also auf einer Analyse der Geschlechterdifferenzen und ihrer Bewertung. Frauenförderung besteht dann in einer direkten Aktion oder einer direkten Regelung, z. B. in der Festlegung einer Quote oder einer Zielgröße, um Benachteiligungen dieser Gruppe zu überwinden. Frauenförderung hat eine systemimmanente Zielrichtung. Frauenfördermaßnahmen sind Strategien, die bisherigen Diskriminierungen und Ausschlüsse von Frauen wegen ihres Geschlechts und ihrer Geschlechterrolle rückgängig zu machen. Eine konsequente Frauenförderung bedeutet, dass das Geschlecht für die Besetzung von Positionen, für die Gestaltung der Arbeitsbedingungen und für die Entlohnung keine Rolle mehr spielt. Nach wie vor werden die Frauen, die aufgrund der Verhältnisse diskriminiert sind, zur Zielgruppe von Maßnahmen werden. Frauenförderung dient dem Ziel, Frauen und Männer innerhalb der Organisation oder innerhalb eines Bereiches gleichzustellen. Sie verändert die normativen und realen Rahmenbedingungen zunächst nicht. Zur Gleichstellung der Frauen ist in der Regel eine direkte „Bevorzugung" notwendig, die aber genau betrachtet nur ein „Nachholen" vorenthaltener Chancen gegenüber Männern ist. Allgemein kann man sagen, dass spezielle Maßnahmen für Frauen in bestimmten Lebenssituationen solange nötig sind, wie die differenten und hierarchischen Geschlechterverhältnisse noch so signifikant wirken.

Frauenförderung als geschlechtspolitische Strategie ist zielgruppenbezogen und gestaltend, sie bezieht sich auf Planungen und die Durchführung von Maßnamen. Diese Strategie kann ebenso auf Männer in spezifischen Lebenslagen, etwa auf Väter kleiner Kinder oder erwerbstätige, pflegende Söhne, bezogen werden.

4.3 Gender Mainstreaming/Gender Budgeting

Gender Mainstreaming ist demgegenüber die umfassendere Strategie, um geschlechterpolitische Ziele zu erreichen. Der konzeptionelle Anspruch ist sehr hoch und im Moment wird er höchst selten eingelöst, – Gender Mainstreaming ist etwas anderes als „sex" counting, und beschränkt sich nicht auf Pilotprojekte oder die Einführung von Checklisten (Stiegler 2008).

Gender Mainstreaming ist eine Strategie, die zunächst in den Debatten der Frauen um die Entwicklungspolitik entstanden ist. Sie findet sich wieder in den Dokumenten der internationalen Frauenkonferenzen sowie auf der europäischen Ebene. Die Strategie ist ausschließlich für Organisationen geeignet. Die Umsetzung von Gender Mainstreaming soll in solchen Organisationen erfolgen, die im weitesten Sinne Politik machen, seien es Ministerien, Behörden, kommunale Verwaltungseinheiten, Verbände, Vereine oder Gewerkschaften, aber auch Bildungsinstitutionen wie Schulen, Hochschulen oder Volkshochschulen. Alle diese Organisationen sind im weitesten Sinne demokratisch legitimiert, gesteuert und kontrollierbar. Sie beeinflussen die Lebensbedingungen und regeln direkt oder indirekt auch die Geschlechterverhältnisse. Innerhalb der Organisation lässt sich klar beschreiben, wer handeln soll: die leitenden Personen an der Spitze, aber auch die MitarbeiterInnen in diesen Organisationen, und es lässt sich klar beschreiben, worum es geht: um die „Produkte" der Organisationen, also die von ihnen erstellten Dienstleistungen, Maßnahmen und Angebote.

Gender Mainstreaming ist ein Prinzip zur Veränderung von Entscheidungsprozessen, ein konzeptionelles Instrument. Es ist eine systematisierende Verfahrensweise, die innerhalb der Entscheidungsprozesse von Organisationen von oben nach unten (top-down) implementiert wird, von unten nach oben aber vollzogen wird. Allgemein zielt die Anwendung dieses Prinzips auf die Herstellung der Chancengleichheit oder Gleichstellung der Geschlechter durch die Analyse aller Arbeitsbereiche. Das Kernstück von Gender Mainstreaming ist die Genderanalyse. Der Gender-Begriff impliziert, dass es um die Geschlechterverhältnisse geht, die kulturell und sozial bestimmt sind und immer wieder hergestellt werden. Besonders entscheidend ist die Frage, wie die gesellschaftlichen Strukturen, die ja durch den politischen Output von Organisationen gestaltet werden, dazu beitragen, dass geschlechtlich differente Positionen sich immer wieder reproduzieren. Es geht um die Wahrnehmung und die Prüfung von Mechanismen, die kulturell bestimmte Regeln für Personen eines Geschlechtes beinhalten. Diese besondere Blickrichtung der Analyse, also die Frage nach den Mechanismen, die dazu führen, dass genderspezifische Lebens- und Arbeitssituationen für Personen des einen und des anderen Geschlechtes überhaupt entstehen können, bildet den Kern von Genderanalysen.

Eine Genderanalyse bedeutet also nicht nur nach der Differenz zwischen einer Gruppe von Männern und Frauen zu fragen, sondern auch zu fragen, in welcher Weise diese Differenz hergestellt wird und welchen Beitrag die Strukturen und Mechanismen, deren Wirkungen man gerade vor Augen hat, dazu leisten. Eine Genderanalyse fragt nach dem „doing gender" der Organisation und ihres Outputs. Und Gender Mainstreaming anzuwenden heißt, dass in allen Arbeitsfeldern einer Organisation solche Genderanalysen angestellt werden.

Gender Budgeting ist die Anwendung dieser Strategie auf die öffentlichen Haushalte (Frey 2010).

Gender Mainstreaming ist damit die am weitest reichende Strategie, weil sie auf Analysen in allen Bereichen zur Frage der Geschlechterverhältnisse basiert. Im Querschnitt werden alle Strukturen auf ihre Auswirkungen auf die Geschlechtergerechtigkeit untersucht, auch ohne dass eine konkrete Ungleichbehandlung oder ein Defiziterlebnis von einer bestimmten Person vorliegt. Vielmehr geht es darum, Auswirkungen von Maßnahmen zu analysieren und zu verändern, die die Geschlechtergruppen und damit auch einzelne Individuen benachteiligen. Diese geschlechterpolitische Strategie ist gestaltend auf die Rahmenbedingungen für Geschlechterverhältnisse bezogen.

Verschiede Strategien zur Herstellung von Geschlechtergerechtigkeit

Gender Mainstreaming (GM)
Frauenförderung
Managing Diversity (MD)
Antidiskriminierung

Abb. 5

Für einen vorsorgenden Sozialstaat ist die Nutzung aller drei Strategien erforderlich. Er muss die einzelnen Personen vor Diskriminierungen schützen, Frauen und Männer dort fördern, wo sie benachteiligt sind, aber auch die Strukturen ändern, die Benachteiligungen entstehen lassen.

Literatur

Backes, Gertrud M./Amrhein, Ludwig/Wolfinger, Martina (2008): Gender in der Pflege: Herausforderungen für die Politik. Friedrich Ebert Stiftung, Bonn, WISO Diskurs
Bericht zur Berufs- und Einkommenssituation von Frauen und Männern. Bietergemeinschaft WSI in der HBS, inifes, Forschungsgruppe Tondorf (2001): Deutscher Bundestag, 14. Wahlperiode, Drucksache 14/8952
Betzelt, Sigrid (2008): Programmierte Frauenarmut? Fachtagung der ZGF Bremen, S. 15
BMFSFJ, Statistisches Bundesamt (2003): Wo bleibt die Zeit? Die Zeitverwendung der Bevölkerung in Deutschland 2001/2002, Berlin, Wiesbaden
Brader, Doris/Lewerenz, Julia (2006): An der Spitze ist die Luft dünn. IAB Kurzbericht, 2
Dackweiler, Regina Maria (2004): Wohlfahrtsstaat: Institutionelle Regulierung und Transformation der Geschlechterverhältnisse. In: Becker, Ruth, Kortendiek, Beate (Hrsg.): Handbuch Frauen und Geschlechterforschung, Wiesbaden S. 450-461.
Färber Christine/Ulrike Spangenberg/Stiegler Barbara (2008): Umsteuern. Gute Gründe für ein Ende des Ehegattensplittings. Friedrich Ebert Stiftung, Bonn ,WISO direkt,
Frey, Regina (2010): Gender Budgeting als geschlechterpolitische Strategie. Internationale Politik und Gesellschaft, 2, S.35-48
Gerhard, Ute/Knijn, Trudi/Weckwert, Anja (2003): Erwerbstätige Mütter. Ein europäischer Vergleich. München.

Gronbach, Siegrid/Riedmüller, Barbara (2004): Genderaspekte im Themenbereich Sozialstaat. Bundeszentrale für politische Bildung, Bonn.

Hinz, Thomas/Gartner, Hermann (2005): Lohnunterschiede zwischen Frauen und Männern in Branchen, Berufen und Betrieben, IABDiscussion Paper No 4

Hirschel, Dierk (2005): Einkommensreichtum und seine Ursachen, in: WSI Mitteilungen 2, S. 104-112

Hoecker, Beate (1999): Lern-und Arbeitsbuch Frauen Männer und die Politik. Bonn

Holst, Elke/Schimeta, Julia (2008): Nach wie vor kaum Frauen in den Top-Gremien großer Unternehmen. Wochenbericht des DIW 18

Holst, Elke/Wiemer, Anita (2010): Frauen in Spitzengremien grosser Unternehmen weiterhin massiv unterrepräsentiert. Wochenbericht des DIW,4

Knijn, Trudi/Jönsson, Ingrid/Klammer, Ute (2004): Betreuungspakte schnüren: Zur Alltagsorganisation berufstätiger Mütter. In: Gerhard, Ute/Knijn, Trudi/Weckwert, Anja, Erwerbstätige Mütter. Ein europäischer Vergleich, S. 162-190.

Schank, Thorsten/Schnabel, Claus/Stephani, Jens/Bender, Stefan (2008): Niedriglohnbeschäftigung Sackgasse oder Chance zum Aufstieg?, IAB Kurzbericht 8

Spangenberg, U. (2005): Neuorientierung der Ehebesteuerung: Ehegattensplitting und Lohnsteuerverfahren, Arbeitspapier 106 der Hans-Böckler-Stiftung

Stiegler, Barbara (2004): Geschlechter in Verhältnissen. Denkanstöße für die Arbeit in Gender Mainstreaming Prozessen. Herausgegeben vom Wirtschafts- und sozialpolitischen Forschungs- und Beratungszentrum der Friedrich-Ebert-Stiftung, Abteilung Arbeit und Sozialpolitik.

Stiegler, Barbara (2005): Antidiskriminierung. Erschöpfung in der Geschlechterpolitik? Herausgegeben vom Wirtschafts- und sozialpolitischen Forschungs- und Beratungszentrum der Friedrich-Ebert-Stiftung, Abteilung Arbeit und Sozialpolitik.

Stiegler, Barbara (2007): Vorsorgender Sozialstaat aus der Geschlechterperspektive. Friedrich-Ebert-Stiftung, WISO Direkt, Bonn

Stiegler, Barbara (2008): Gender Mainstreaming: Fortschritt oder Rückschritt in der Geschlechterpolitik? In: Becker, Ruth/Kortendiek, Beate (Hrsg.) Handbuch Frauen- und Geschlechterforschung. Theorie, Methoden, Empirie. Wiesbaden 2008

Thiessen, Barbara (2003): Arbeitsplatz Privathaushalt: Feministische Erkundungen. In: Femina Politica. 12. Jahrgang Heft 1, S. 68-77.

WEF 2009: Global Gender Gap Report

Winker, Gabriele/Carstensen, Tanja (2007): Eigenverantwortung in Beruf und Familie – vom Arbeitskraftunternehmer zur ArbeitskraftmanagerIn. In: Feministische Studien, 25, S. 277-289

Geschlechtergerechtigkeit in der Schule – Geschlechterbrille versus Blick auf Vielfalt

Hannelore Faulstich-Wieland

Die Frage, was überhaupt eine geschlechtergerechte Schule charakterisiert, ist keineswegs geklärt. In einem Interview benannte ein Schulleitungsmitglied einer sich als geschlechtergerecht verstehenden Schule zwei Aspekte als zentral: Keine erwachsene Person in der Schule sollte mehr die herkömmlichen Stereotypen transportieren, sondern jede sollte offen sein für die Erweiterung des Rollenspektrums in alle Richtungen. Zudem sollte jedes Kind das Gefühl haben, als Mädchen bzw. als Junge geachtet zu werden (Hassel 9/2005). Damit sind zwei unterschiedliche Verständnismöglichkeiten benannt: Geht es um „Gerechtigkeit für die Geschlechter" oder um ein „den Geschlechtern gerecht werden"? Der erste Aspekt zielt mehr auf eine Gerechtigkeit für die Geschlechter, denn allen sollen alle Richtungen eröffnet werden. Der Ausgleich steht hier im Vordergrund, die Gleichberechtigung. Der zweite Aspekt dagegen betont die Geschlechtlichkeit, das den Mädchen und den Jungen Gerecht werden. Hier geht es mehr um eine Gleichwertigkeit, um die Akzeptanz des je Besonderen.

Es wird schon aus diesen Akzentuierungen deutlich, dass eine Positionierung nicht einfach ist. Sowohl in der Literatur wie in unserer empirischen Forschung können wir vier unterschiedliche Diskurse identifizieren:

Der erste lässt sich mit dem Stichwort „Mädchenparteilichkeit" kennzeichnen. Er stand am Beginn der neuen Frauenbewegung und war ein zentrales Anliegen der engagierten Frauen. Diesem Diskurs ist zu verdanken, dass es überhaupt eine Sensibilisierung für Geschlechterungleichheiten gibt. Sein Hauptverdienst bestand darin, die „Geschlechterbrille" zu fordern, die den Blick für Ungerechtigkeiten gegenüber Mädchen schärft. Als Maßnahmen wurden vor allem besondere Stützangebote für Mädchen realisiert.

Nahezu parallel entstand ein zweiter Diskurs, der als Forderung nach „Gleichberechtigung" bezeichnet werden kann. Auch ihm ging es um die Feststellung von Ungleichheiten, in den Konsequenzen allerdings sollten nicht primär die Mädchen gesonderte Förderungen erfahren, sondern es sollte z.b. darauf geachtet werden, dass beide Geschlechter abwechselnd dran genommen würden. Mit der Ausbreitung von Mädchenarbeit entstand zugleich die Forderung nach gesonderter Jungenarbeit. Umgesetzt wurde sie jedoch nur sehr zögerlich. Nach den PISA 2000-Ergebnissen gab es allerdings einen neuen Aufschwung für einen Diskurs zu den „Jungen als Bildungsverlierern", den man unter das Motto stellen könnte „Nun sind mal die Jungen dran". Hauptverdienst dieses Diskurses ist es, die Frage nach der Ungleichheit neu aufgeworfen zu haben.

Alle drei Diskurse allerdings sind theoretisch eher einem Geschlechterdifferenzkonzept verpflichtet. Sie stehen damit in der Gefahr, die bestehenden Geschlechterstereotype – und damit auch die Geschlechterverhältnisse – zu verfestigen, statt sie zu verändern.

Der vierte, jüngste Diskurs, geht deshalb von der Akzeptanz von Heterogenität aus und basiert auf einem theoretischen Konzept der sozialen Konstruktion von Geschlecht.

Im Folgenden sollen die vier Diskurse in ihren Leistungen wie auch in ihren Problemen anhand empirischen Materials erörtert werden. Abschließend wird gefragt, welche Perspektive der Heterogenitätsansatz hat.

Bevor ich mich den einzelnen Diskursen zuwende, möchte ich kurz die empirische Basis meiner Ausführungen benennen: Ich beziehe mich auf Material aus unserem DFG-Projekt „Chancen und Blockaden einer geschlechtergerechten Schule", das von Mai 2005 bis April 2007 finanziert wurde. Wir haben im Schuljahr 2005/06 einen ersten Gymnasialjahrgang mit vier Parallelklassen begleitet, und zwar in einer österreichischen Schule mit einem ausgewiesenen Schulprofil, dessen einer Schwerpunkt Geschlechtergerechtigkeit ist. Dazu waren wir zu Beginn des Schuljahres, d.h. im September 2005, in der Mitte, nämlich im Januar 2006 sowie am Ende im Juni 2006 jeweils vier Wochen „im Feld" und haben den Unterricht in verschiedenen Fächern ethnografisch beobachtet. Ergänzend wurden Interviews mit Lehrkräften und Gespräche mit Schülerinnen und Schülern geführt. Außerdem haben wir Dokumente wie z.B. die Geschichte der Schule, die Schulzeitung der Schülerinnen und Schüler, die Zeitung der Elternvertretung, aber auch empirische Evaluationsberichte von vorangegangenen Projekten ausgewertet.

1 Diskurse zur Geschlechtergerechtigkeit: Mädchenparteilichkeit

Die jüngere Geschichte der Schule „Zimmerbreite" – so der anonymisierte Name – zeigt, dass die Koedukation, d.h. die gemeinsame Erziehung von Mädchen und

Geschlechtergerechtigkeit in der Schule 63

Jungen, mit Problemen von Diskriminierung (von Mädchen) und Gewalt (durch Jungen) in Verbindung gebracht wurde. In den 1990er Jahren wurden feministische Standpunkte handlungsleitend. Als Aktivitäten wurden Selbstverteidigungskurse für Mädchen eingerichtet, Geschlechtertrennung vorgenommen und Mädchenbeauftragte bestimmt, die eine Mädchenberatungsstelle bildeten. Explizit wurde das alles gebündelt unter dem Stichwort „frauenfreundliches Schulprofil".

Unterstellt war in dieser Sichtweise, dass die „normale" Schule sich an Jungen orientiere und Mädchen dadurch zu kurz kämen. In doppelter Weise schlägt sich Parteilichkeit hier nieder: Zum einen sollen *Mädchen besondere positive Unterstützungen* erhalten, zum anderen gilt es, *Jungen Grenzen aufzuzeigen* und ihr als negativ angesehenes Verhalten zu ändern.

So lautete die Begründung für eine Mädchenberatungsstelle, Themen und Anliegen von Mädchen gingen im Schulalltag oft unter, um sie sichtbar zu machen, bedürfe es dieser besonderen Institution. Themen und Anliegen von Jungen – so die logische Konsequenz aus dieser Argumentation – seien im Alltag ausreichend aufgehoben, zumindest solche, für die Jungen Hilfe und Unterstützung benötigen würden.

Für die Jungen wurden allerdings dennoch Projekttage realisiert. Während dieser sollten „die Umgangsformen der Buben unter die Lupe genommen und von ihnen reflektiert werden. Ziel ist eine Sensibilisierung für Themen wie Dominanz oder Rücksichtslosigkeit. Auch innerhalb der Klassen sollen Burschen mit ihren Verhaltensweisen konfrontiert, sollen gängige Muster problematisiert werden"(Parginoni/Schrittesser 1997, S. 132).

Pädagogisches Ziel in der Arbeit, die sich auf Jungen bezog, war folglich nicht deren Stärkung, sondern deren Begrenzung. Für beide Geschlechter war der Ausgangspunkt für die Arbeit jedoch der Blick auf Defizite, nicht auf Ressourcen. Dies gilt für die Maßnahmen, die diesem Diskurs zurechenbar sind, auch heute noch, wie im Folgenden an wenigen Beispielen gezeigt werden soll.

Neben der Einrichtung von Mädchenbeauftragten und Geschlechtertrennungen gehören zu den Maßnahmen aus einer mädchenparteilichen Sicht Formen zur Stärkung des Selbstbewusstseins von Mädchen wie z.B. *Selbstverteidigungskurse* oder Angebote wie „Mädchen in Bewegung" u. ä. Die Schule ist durchaus stolz darauf, hier sehr erfolgreich zu sein, nämlich viele starke, selbstbewusste Schülerinnen zu haben. Beispiele dafür begegneten uns durchaus im Schulalltag: Nachdem die Klassen für den Werkunterricht in eine Mädchengruppe und eine koedukative Gruppe aufgeteilt wurde, konnten wir beobachten, wie eine Schülerin aus der gerade gebildeten Mädchengruppe auf dem Weg zum Werkraum erklärte: „Wir heißen jetzt freche girls." Das wird nicht gleich von allen, die dabei sind, verstanden, findet aber dann große Zustimmung" (G050915WxPrH).

Die Protokolle von beobachteten Stunden des Angebots „Mädchen in Bewegung" verweisen auf zwei Probleme, die sich aus einer m.E. nicht genügend reflektierten Mädchenparteilichkeit ergeben:

Zum einen zeigte sich, dass die mit den Schülerinnen durchgeführten Übungen zur Körpersprache stark auf Stereotypisierung männlich-weiblich hin angelegt waren – obwohl das Ziel eigentlich war, die Stereotypisierungen aufzuweichen. Das wurde zwar verbal versucht, es ist aber zu vermuten, dass eher die praktische Übung und damit das Stereotyp bei den Mädchen ‚hängen bleibt'. Dies lässt sich auch an einer kurzen Diskussion während der Stunde verdeutlichen: Die Kursleiterin gibt „Hinweise auf Selbstverteidigungskurse der Volkshochschulen, auf die Jugend-Info-Stelle und dass dort auch die Broschüre mit den Sicherheitstipps erhältlich ist. Ein Mädchen wendet ein: ‚Aber dann lesen das doch auch die Jungs und die Männer und dann wissen die alles!' Beide Kursleiterinnen sagen nacheinander: ‚Es gibt aber auch viele NETTE Männer'" (E060608MIBPB). Barbara Scholand, Mitarbeiterin in unserem Forschungsprojekt und Expertin für Selbstverteidigungstraining interpretiert dies als Indiz für die Botschaft des Kurses, die bei den Schülerinnen hängen geblieben ist, dass Männer generell als (potenzielle) Täter zu verdächtigen sind – auch wenn dies von der Kursleiterin so nicht intendiert ist.

Ein zweites Problem zeigt sich in der Verstärkung von Verhaltensweisen der Mädchen, die umgekehrt bei Jungen als nicht-tolerierbar gelten. Dieser Widerspruch wird im Interview mit einer der Sportlehrerinnen über den von ihr organisierten Selbstverteidigungskurs sehr deutlich. Sie sagt:

> „Da unterrichtet ein Mann die Mädchen, drei Mal hintereinander, oder auch viermal hintereinander und er macht das sehr gut, ja? Er macht das sehr gut, er hat zum Schluss auch einen Helm auf und Knieschützer, weil die treten ihn und schlagen ihn, und das ist also für mich als Lehrerin, ich möcht nicht so nah in körperlichen Kontakt mit den Mädchen treten, das will ich nicht, ich will eine gewisse Distanz haben. Das war aber mit Leuten, die von außen kommen und die sich da so dementsprechend anziehen, und die Erfahrung haben, war das eine tolle Erfahrung. Die haben also wirklich... sich... kämpfend fortbewegt, teilweise, was ja eigentlich diesem widerspricht, den Drehungen, die Drehungen sagen ja, ich schlage nur im Notfall, ja? ich schlage nur im Notfall, ich greif niemanden an. Sicher waren das Notsituationen, die wir dann mit dem Herrn Magister ja durchprobiert haben, ja? dass die wirklich gelernt haben... oder auch, Schreie raus zu lassen, und wir haben dann die Matten aufgelegt, und die Mädchen haben ihn dann einzeln... wirklich, getreten, geschlagen, sind ihm nach und haben... waren sehr aggressiv teilweise. Und haben ihn wirklich

durch den Turnsaal gejagt. Es war ganz interessant zu beobachten, ich hab da nur beobachtet, ich bin nur außen gestanden, hab beobachtet."
Interviewerin: „Wie ging's Ihnen dabei?"
„Ja, ich war erstaunt, die kleinen, die Mäderln, die so ganz so... eigentlich ruhig sind, die haben ein Aggressionspotential dann aufgew', das war irgendwie toll, wie das da rauskommen ist, ja? Es war interessant zu beobachten" (Mertens 9/2005).

Ein Schulalltag, der als mädchenparteilicher gestaltet wird, birgt auch die Gefahr, dass *Jungen sich benachteiligt fühlen*. Eine Lehrerin meint, sie seien nicht „bubenfeindlich", aber

„sicher sensibler, was Mädchen betrifft und auch sensibel, was Buben betrifft, nur vielleicht ist es irgendwie noch nicht auf dem gleichen Niveau... Manchmal sagen sie mir ‚ja, ja,... für die Mädchen wird so viel gemacht, und wir...' Manchmal sagen sie ‚um uns kümmert sich keiner.' Ich weiß nicht, ob's wirklich stimmt. Na, ich find das ein bisschen schwer. Es stimmt vielleicht schon, dass man bewusst nicht (räuspert sich) für die viel macht, aber dadurch, dass sie, dass sie sehr extrovertiert sind, beschäftigt man sich... mit ihnen." (Rust 6/2006).

Auch ein Lehrer bestätigt die Existenz des Problems:

„Ich denke mir, das, was es ausmacht ist, dass das Image einmal der Schule für Mädchenförderung steht. Und das wissen die Burschen auch. Und konkret passiert natürlich auch etwas, wie zum Beispiel diese ‚Mädchen in Bewegung', diese Seminare, ja. Und in dem Moment, wo so was passiert, fragt man sich, wieso gibt's nicht ‚Buben in Bewegung'? Oder könnte heißen, wie auch immer. Warum gibt's das nicht? Äh und das ist das, was halt den Burschen also auch als Defizit auffällt. Und die Angebote, die es dann gibt, zum Beispiel Buben-Mädchen-Tag, wo die Mädchen ein Programm machen und die Buben ein, ein entsprechendes Programmangebot bekommen, stehen unter dem Verdacht, dass es nur deswegen so ist, weil man eigentlich die Mädchen fördern will und für die Burschen nicht nichts! anbieten kann, ja" (Schilenski 1/2006).

Diese Äußerungen verweisen bereits auf den zweiten Diskurs zur Geschlechtergerechtigkeit, nämlich auf die Notwendigkeit, nicht nur die Mädchen im Blick zu haben.

2 Diskurse zur Geschlechtergerechtigkeit: Gleichberechtigung

Insbesondere von den Lehrkräften, die nicht unbedingt eine feministische Position vertreten, aber sich dennoch mit Geschlechterungleichheiten und mit Benachteiligungen befassten, wird gefordert, für *Ausgleich und Gleichberechtigung* zu sorgen. Eine Lehrerin bringt das folgendermaßen auf den Punkt: „Ich hab einen Ausspruch bei mir in der Administration hängen, ‚Männern ihre Rechte und nicht mehr, Frauen ihre Rechte und nicht weniger'. Und das gefällt mir sehr, sehr gut, deswegen hab ich's auch dort hängen ..." (Heise 9/2005).

Ein strukturelles Problem in diesem Kontext ist das an der begleiteten Schule stärker als z.B. an deutschen Gymnasien, aber tendenziell im Schulsystem generell zu findende Ungleichgewicht im Lehrkörper, nämlich die zahlenmäßige *Überrepräsentanz von Lehrerinnen*. Der Frauenanteil in der Schule „Zimmerbreite" beträgt 63% – in der Wahrnehmung etlicher Lehrkräfte liegt er jedoch bei 80 bis 90%, also deutlich höher. Einer der interviewten Lehrkräfte findet es für die Vorbildwirkung ausgesprochen wichtig, auch Lehrer zu haben. ‚Männerrollenbilder' seien für die Schülerinnen sehr wichtig, damit sie wen anders kennen lernten als nur ihren Vater. Für die Jungen sei das aber auch wichtig, dass sie andere männliche Rollenvorbilder haben. Die Probleme, die Jungen haben/ machen, hingen damit zusammen, dass es zu wenige Männer in der Erziehung gäbe (S050922BBI/MJ).

Diese Debatte spielt zunehmend nicht nur in den Medien eine große Rolle, allerdings muss man sehr deutlich machen, dass es empirisch nicht bestätigt ist, dass die Geschlechterzusammensetzung negative Konsequenzen hat.

Als eine sofort realisierbare Maßnahme zur Gleichberechtigung wird die *„geschlechtergerechte Sprache"* angeführt:

> „Also ich sag's jetzt nur als Sprachlehrer mal, geschlechtergerechtes Formulieren ist nicht das Wichtigste, aber geschlechtergerechtes Formulieren ist einfach einmal ein Schritt in die richtige Richtung, ist ein Beginn. Ja, dass man halt sozusagen nicht mehr ohne Binnen-I spricht, wenngleich das... manchmal nervt! aber man soll nicht aufhören, hier festzuhalten daran" (Hubertus 9/2005).

Dieser Lehrer bemüht sich denn auch um eine konsequente Umsetzung einer solchen „geschlechtergerechten" Sprache, wie in einem Protokoll vermerkt wird:

> „Lp bemüht sich um geschlechtergerechte Sprache. ‚Die Ausgaben, die er oder sie hätten, wären, dass er oder sie...' Wie der Satz weitergeht habe ich nicht verstanden, aber in der Stunde wendet Lp diese Art der Sprachregelung oft an" (F050920DEPJ).

Die Kinder übernehmen das sehr selbstverständlich: So vermerkt das Protokoll zum Werkunterricht, in dem ein Arbeitsblatt zur Werkordnung vorgelesen wird:

> „Bei dem nächsten Satz heißt es, dass die Anweisungen ‚des/der Lehrer/Lehrerin zu befolgen sind.' Die Lehrerin sagt, dass die einfachste Schreibform dafür LehrerInnen mit großem I ist. Benedikt ruft, dass er Lehrer/innen geschrieben hat – mit Schrägstrich. LP: ‚das ist auch in Ordnung.' Diese Sprachreglung führt zu keinen Reaktionen oder Irritationen bei den Schülerinnen und Schülern" (F050913WTPJ).

Manchmal bringen die Kinder mit dieser Sprachregelung die Lehrkräfte allerdings auch in komische Situationen, wie aus einem Protokoll im Wahlbereich „Lernen lernen" deutlich wird:

> „Dann zu Rüdiger: ‚Mir fällt auf, dass viele Schülerinnen aufzeigen, zeig bitte auf, wenn Du was sagen willst.' Rüdiger: ‚Ich bin aber keine Schülerin.' Lp geht nicht weiter darauf ein" (G050920LelePB).

Auch im Blick auf andere Aspekte betonten Lehrkräfte die Wichtigkeit von **gerechten Aufteilungen**. So nennt eine Lehrerin als Kriterien für Geschlechtergerechtigkeit:

> „Der wichtigste Punkt ist für mich... die räumliche Situation, dass das also... ja, dass... das gerecht aufgeteilt ist, im Radl läuft, das also jeder da geschlechtergerecht aufgeteilt wird, wer wo ist, und... dass das Angebot, das die Burschen haben und das auch die Mädchen haben, dass das... natürlich nach Interesse aufgeteilt wird, ja, dass es also..." (Mertens 9/2005).

Die Schwierigkeit für gerechte Aufteilungen, die im sprachlichen Stocken deutlich wird, liegt in der Frage, wie vorhandene Unterschiede – hier Interessen – mit Gleichheit vereinbar sind. Tatsächlich ist der Sportplatz für die Jungen denn auch wesentlich größer als der für die Mädchen – der Sportunterricht wird generell geschlechtshomogen erteilt. Dies war aber offensichtlich nur wenigen Lehrkräften bewusst und wurde erst bekannt, als auf einer Konferenz im Juni 2006 das Sportfest am Ende des Schuljahres auf die fünften bis siebten Klassen begrenzt werden musste, weil der Sportplatz der Jungen zu der Zeit wegen Einsturzgefahr eines Turms gesperrt war, das Sportfest deshalb auf dem Mädchensportplatz stattfinden müsse, dieser jedoch viel kleiner sei und nicht alle Kinder beim Sportfest fassen würde. Diese „Ungerechtigkeit" führte dann auch bei einer Reihe von Lehrerinnen zu Protesten.

Die Erkenntnis, dass Jungen mehr *Aufmerksamkeit* von Lehrerinnen und Lehrern erhalten, war ein Forschungsergebnis, das schnell in konkrete Forderungen umgesetzt wurde, z.b. in die Forderung, immer abwechselnd Mädchen und Jungen dranzunehmen. Neben der Tatsache, dass bei ungleich zusammengesetzten Klassen – alle vier beobachteten Klassen hatten Zweidrittel bis Dreiviertel Mädchenanteile – eine solche Regelung zur verstärkten Beachtung der Minderheit führen würde, gibt es andere Argumente, die gegen eine pauschale Gleichbehandlung dieser Art sprechen. Im folgenden Bericht erläutert eine Lehrerin, wieso die verstärkte Beachtung der Jungen nicht unbedingt als Benachteiligung der Mädchen angesehen werden könne:

> „Wir reden über die Gender-Frage, nicht? Also ich hab, gestern war meine Sitznachbarin, mit der ich befreundet bin, in meiner Klasse. Und das ist eine sehr! genderbewusste Person. Wenn sie nicht überhaupt die Frau ist, bei der sich das alles konzentriert. Und sie ist dann raus gekommen und hat gesagt ‚Du hast eine sehr lustige Klasse' und hat mich dann gefragt, in welchem Verhältnis die Anzahl der Buben zu den Mädchen steht. Und das, ich hab also ein Drittel Buben und zwei Drittel Mädchen. Und sie selbst hatte den Eindruck, dass ich mehr! Buben als Mädchen habe. Und das ist etwas, was natürlich schwierig ist, weil die Knaben dieser Klasse, wie in vielen anderen Klassen, einfach viel mehr sich in den Vordergrund drängen, positiv und negativ, also und insofern ist es auch so schwer in den Griff zu bekommen. Wenn ich jetzt nur! zähle die Anzahl der Aufmerksamkeit, also wenn immer, wenn jemand dasitzt und strichelt, wann ich mit einem Buben und wann ich mit einem Mädchen spreche, so weiß ich, dass die Buben überproportional dran kommen, schon aus dem einfachen Grund, weil sie, weil sie sehr viel negative Aufmerksamkeit auf sich ziehen. Wenn ich jetzt das genauer gleich gewichten würde, wenn ich wirklich nur ein Drittel! Buben aufrufen würde und zwei Drittel Mädchen, na ja ich kann's gar nicht, weil ich muss ja unterrichten, ich kann nicht immer nur daran denken, ja, aber wenn ich das machen würde, könnte ich den Buben keinerlei positive Aufmerksamkeit zukommen lassen, dann könnt' ich sie gar nicht mehr fragen, weil das würde dieses Kontingent, würde vermutlich schon in die negative Aufmerksamkeit gehen, und diese! negative Aufmerksamkeit würde sich in einem solchen! Fall, wo sie keine positive Aufmerksamkeit ja noch vergrößern, weil es würden die, die was wissen und nicht drangenommen werden, zu stören beginnen massiv" (Dehner 9/2005).

Die Lehrerin macht mit ihrem Argument darauf aufmerksam, dass eine solche mechanische Gleichbehandlung der Gruppe der Jungen den einzelnen nicht gerecht werden kann, weil jene Jungen, die sich konstruktiv beteiligen wollten, nicht mehr zum Zuge kämen, da ihr Aufmerksamkeitskontingent schon durch jene Jungen aufgebraucht würde, die stören. In ähnlicher Weise greift ein Lehrer die Problematik auf, die durch das Dramatisieren von Geschlecht in Form der Gruppenwahrnehmung entsteht: Sie verhindert, jene Kinder zu sehen und ihnen gerecht zu werden, die sich nicht „typisch" verhalten:

> „Die Buben, die sehr leicht untergehen, sind halt jene, die, die sich ganz und gar nicht bubentypisch verhalten wollen....
> Ich erzähl Ihnen ein Beispiel, hab ich mit meiner Frau besprochen, die ist Volksschullehrerin, wir haben eine Kugelbahn von unseren Kindern, wir haben vier Buben zu Hause, ja? und die sind jetzt zwölf und vierzehn Jahre alt, und ‚ne Kugelbahn brauchen wir nicht mehr, meine Frau nimmt diese Kugelbahn in die Schule mit, damit die Kinder, vierte Klasse Volksschule, etwas zum Spielen haben.
> Sie macht das kommentarlos, sagt, hier ist diese Kugelbahn. Die erste Pause spielt sich so ab, dass alle Buben hinstürzen, und vier, fünf Buben sich diese Kugelbahn sozusagen ein... (Wort nicht zu verstehen) und kein anderer Mensch eine Chance hat, zu dieser Kugelbahn zu kommen. Meine Frau sieht das, sagt, aha, die Buben natürlich wie leider zu erwarten verdrängen die Mädchen, in der nächsten Pause, oder am nächsten Tag, kommen nur die Mädchen dran. Zunächst guter Plan, kann man sagen, aber das heißt für die Buben, die nicht bei den fünf Raufbolden der ersten Stunde waren, gibt's eigentlich dann wieder keine Möglichkeit. Dann heißt es vielleicht wieder, einmal die Buben, einmal die Mädchen, und die kommen nicht zum Zug. Die bessere Trennung wäre, sozusagen zu sagen, diejenigen, die noch nicht mit der Kugelbahn gespielt haben, sind jetzt dran, ja? Dass das vielleicht auch sehr viele Mädchen sind, mag sein. Bei stillen Mädchen ist es genau das gleiche Problem wahrscheinlich, nicht? Und ich denke mir, sehr oft gehen diese Burschen in einer Klasse unter. Für die wird wenig getan. Konfliktträchtige Kampfhähne sozusagen bekommen genug Zuwendung und Betreuung. Burschen, die ihre Talente woanders haben, die sie auch nicht so ausspielen können, weil es so auch im, im Gruppenklima nicht so gut kommt, vielleicht zu mädchenhaft, zu sozial, die kriegen auch die Aufmerksamkeit nicht so leicht. Und für die möcht ich gerne etwas machen" (Schilenski 9/2005).

Dies leitet zum dritten Diskurs um Geschlechtergerechtigkeit über, der Sicht, es müsste verstärkt etwas für die Jungen getan werden.

3 Diskurse zur Geschlechtergerechtigkeit: Jetzt sind mal die Jungen dran

An der Schule „Zimmerbreite" ist die Forderung, etwas für die Jungen zu tun, keine neue. Bereits seit zehn Jahren gibt es sogenannte „Bubenbeauftragte" bzw.

„Bubenbetreuungslehrer". Die Sprachregelung ist nicht klar: In den Interviews und Gesprächen ebenso wie in Veröffentlichungen zu den Mädchenbeauftragen wird immer der Begriff „Beauftragte" verwendet, auf der Homepage taucht eine solche Institution gar nicht explizit auf, bei den betreffenden Lehrkräften steht allerdings „Mädchenbetreuungslehrerin" bzw. „Bubenbetreuungslehrer". Während für die zurzeit zwei Mädchenbetreuungslehrerinnen jedoch immer wieder Regeln gefunden werden, wie deren Arbeit honoriert werden kann – sicherlich nicht unbedingt dem Aufwand angemessen, wie sie in den Interviews betonen, aber immerhin gibt es Stundenermäßigungen dafür -, gibt es für die drei Bubenbetreuungslehrer keine Anerkennungssysteme. Unter anderem wird als Grund dafür angeführt, dass die Lehrer in keinem vergleichbaren Verhältnis zu den Lehrerinnen in Anspruch genommen würden. Während letztere über das Jahr verteilt nach ihren Angaben etwa drei bis vier Stunden pro Woche mit der Betreuung einzelner Schülerinnen befasst sind – vor allem Schülerinnen mit familiären Problemen, suizidgefährdete u. ä., die sie z.B. zur Beratung in eine Klinik begleiten -, werden Sprechstunden der Bubenbetreuungslehrer so gut wie nicht in Anspruch genommen. Einerseits ist dies sicher bedingt durch die Tatsache, dass den Kindern in der Regel die Institution der Bubenbetreuungslehrer bisher nicht bekannt ist. Zu Beginn eines Schuljahres wurden bisher die Schülerinnen und Schüler der neuen fünften Klassen über die Mädchenbetreuungslehrerinnen informiert, nicht aber über die Bubenbetreuungslehrer. Für das Schuljahr 2006/07 haben sich erstmals die Bubenbetreuungslehrer auf dem Kennenlernabend der neuen Klassen vorgestellt.

Allerdings wird von Seiten der Bubenbetreuungslehrer die Nicht-Inanspruchnahme auch als strukturelles Problem einer solchen Sprechstunde für Jungen angesehen:

> „Es gab schon natürlich das Modell einer Mädchenbeauftragten und die Mädchensprechstunden, und das haben wir zunächst auch angeboten, was aber, glaub ich, nicht der richtige Zugang ist. Also, es geht jetzt schon inhaltlich weiter, aber ich sag's trotzdem jetzt gleich, also Buben nutzen Sprechstunden nicht, die speziell für Buben angesetzt werden, weil das schon ein bekannt geben von Schwäche bedeuten könnte, nicht? Also, der geht zu den Bubenbeauftragen..." (Schilenski 9/2005).

Auch ein zweiter Betreuungslehrer bestätigt diese Sicht:

> „Aber so, so kommen Burschen... nicht und sagen ‚also ich hab jetzt ein Problem', weil das läuft ja bei Burschen bekanntlich so, das wäre dann Mädchenverhalten" (Müller 9/2005).

Während die Jungen von sich aus die Beratungsangebote eher nicht wahrnehmen, werden die Bubenbeauftragten aber von Kolleginnen oder Kollegen angefragt, sich um bestimmte Jungen zu kümmern. Damit wird die Beratung jedoch zu einer Feuerwehrfunktion und ihrer Freiwilligkeit eher beraubt:

> „Also, prägnant sind Auftragsarbeiten, ja? Die, wo irgendein Klassenvorstand, eine Klassenvorständin sagt, du, bei mir gibt's vier, fünf Buben, die haben Probleme, oder machen Probleme, könntest du dich nicht drum kümmern. Das kann dann sein, dass ich in die Klasse geh und mit der ganzen Klasse etwas mach und diese vier Burschen speziell im Auge behalte, kann auch sein, dass ich, wenn's Konfliktsituationen sind, da ich auch Mediator bin, Konfliktgespräche führe, mit den vieren zum Beispiel. Solche Auftragswerke liebe ich nicht besonders, weil sie halt immer diese Feuerwehrmechanismen haben, nicht?, also, es brennt schon der Hut, es muss sofort was passieren, und es war offensichtlich nicht möglich, das innerhalb der Gruppe zu lösen, und jetzt wird das sozusagen irgendwohin einmal abgeschoben quasi, und ich hätte mich drum zu kümmern" (Schilenski 9/2005).

Häufig sind diese „Auftragsarbeiten" zugleich mit Disziplinproblemen verbunden, was bedeutet, dass die Bubenbetreuungslehrer nicht als Vertrauenspersonen für die Jungen fungieren, sondern die Rolle des Disziplinierenden übernehmen sollen:

> „Aber es soll ja nicht so! sein, immer wenn's Probleme gibt, da hat man dann die Männer auch. Es ist schon klar, dass Männer da ganz wichtig sind, ja, und das es einen Unterschied macht, wenn jetzt da ein Lehrer einem Burschen was sagt wahrscheinlich, oder eine Frau. Ja, glaub ich, macht einen Unterschied. Wenn dann ein Mann ihm sagt ‚du, das ist irgendwie jetzt sexistisch gewesen, ja, das ist nicht okay oder wenn das eine Frau zu ihm sagt, ja. Ich glaub, das macht einen Unterschied. Oder zum Thema jetzt Mädchen belästigen. Weil, wenn das der Mann sagt, das für den Burschen irgendwo vielleicht doch eine Identifikationsfigur sein könnte! ja. Dann, ich glaub, dass das schon anders wirkt! Aber (-)
> Interviewerin: „Aber Ihr Ausgangspunkt war ja, dass es auch nicht gut ist, wenn immer, immer wenn es ein Problem gibt, ein Mann kommt, um das Problem..."
> „Ja, sozusagen wenn man nur disziplinierend dann auf', als Disziplinierer auftaucht, nicht, wenn das eine (seufzt) eine Routine wird oder werden könnte oder so ähnlich, dass immer wenn's ein Problem gibt, dann geht man zum Bubenbeauftragten, ne. So dann, die Rute im Fenster, ‚wenn's d' schlimm bist, kommst zum ... XY, ne, zum Bubenbeauftragten'. Das sollte eine Vertrauensperson sein, zu der man gerne geht, auch nicht nur weil man geschickt wird, ne" (Müller 9/2005).

Die Frage, was man denn nun tatsächlich sinnvoll für Jungen tun kann und will, ist in der „Zimmerbreite" noch nicht gelöst.

Ich will aber an dieser Stelle eine Zwischenbilanz formulieren, die sich auf die drei bisher charakterisierten Diskurse zur Geschlechtergerechtigkeit bezieht. Alle drei Diskurse gehen explizit oder implizit von einem Differenzkonzept aus, nämlich von der Annahme, es gäbe grundlegende Unterschiede zwischen Mädchen/Frauen und Jungen/Männern, denen letztlich Rechnung zu tragen sei. Auch wenn im Gleichheitsdiskurs das Gewicht stärker auf der „Gerechtigkeit für die Geschlechter" gelegt wird, bleibt doch die Bedeutung von Geschlecht ungeklärt und werden die Maßnahmen im wesentlich auch beurteilt vor dem Hintergrund, ob sie „den Geschlechtern gerecht" werden. Eine solche Differenzannahme – für die Dramatisierungen von Geschlecht zentral sind – steht in der Gefahr, die herkömmlichen Stereotype zu verstärken. „Genderbewusstsein" wird dann verstanden als Wissen um die Differenzen. In einer der beobachteten Klasse wurden in geschlechtshomogenen Gruppen Plakate über die Selbstsicht von Mädchen bzw. von Jungen angefertigt. Die Plakate tragen die Überschriften „Mädchen sind", „Buben können" sowie „Buben sind/können". Man kann die aufgelisteten Beschreibungen danach ordnen, ob sie defizitorientiert, ressourcenorientiert oder explizit geschlechtervergleichend sind.

Beispiele für defizitorientierte Beschreibungen sind: „Mädchen müssen nicht blond und blauäugig sein, um schön zu sein", „Mädchen sind sehr benachteiligt" oder „Mädchen sind nicht blöd". Es handelt sich also um Beschreibungen, die entweder explizit auf Nachteile von Mädchen/Frauen verweisen oder die negativ definierend vorgehen, um etwas Positives auszudrücken. Ressourcenorientierte Beschreibungen lauten z.B. „Mädchen sind mutig, nett, stark, schön, usw.", d.h. also Beschreibungen, die gleich etwas positiv konstatieren. Geschlechtervergleichende Beispiele sind „Die meisten Mädchen sind kleiner als Buben" oder Mädchen sind „früher reif". Bei den Jungenplakaten finden wir ressourcenorientierte Beschreibungen wie insbesondere „cool", aber auch Politiker sein, bad boys oder „Buben sind wie sie sind". Vergleichende Beschreibungen sind z.B. „Buben sind mutiger (in manchen Sachen)", „können sich besser prügeln", „Buben können sich mehr Horrorfilme anschauen". Zählt man die Beschreibungen aus, so finden sich auf dem Mädchenplakat 21 defizitorientierte Beschreibungen, zwölf ressourcenorientierte und vier explizit vergleichende. Auf den Jungenplakaten gibt es keine defizitorientierten Beschreibungen, auf dem einen nur 15 ressourcenorientierte Charakterisierungen, auf dem anderen 37 ressourcenorientierte und acht geschlechtervergleichende Beschreibungen. Die Darstellungen entsprechen weitgehend den Geschlechterstereotypen. Entscheidender als diese Selbstsicht der Kinder ist mir jedoch die Tatsache, dass einer der Lehrer diese Plakate als Hinweis nutzt, um sein Genderwissen hervorzuheben. Er erklärt, früher wären ihm solche Unterschiede nicht aufgefallen, nun hätte er aber einen Blick dafür:

> „Ja, wo ich das früher eigentlich kaum äh wahrgenommen habe, kommt's jetzt von Mädchen, kommt das von Buben,... ja, und dort jetzt ein bisschen genauer hinschaue beispielsweise. Wenn ich zum Beispiel mir jetzt die beiden Plakate anschaue, die die Buben gemacht haben und die Mädchen, die Unterschiede hätte ich früher auch nie so wahrgenommen. (unverst.) der hat ne schöne Schrift, der kritzelt halt irgendwie, und, und jetzt würde ich das schon auch ein bis', das dacht' ich auch eben, dass eben auch von dem Blickwinkel auch so ein bisschen Unterschiede geschlechterspezifisch, geschlechtsspezifische Unterschiede. Also ich würde sagen eine Sensibilisierung auf die Unterschiede hin hat stattgefunden" (Hufenbach 6/2006).

Der vierte Diskurs, den wir als „Diversity" bezeichnet haben, versucht, solche Stereotypisierungen zu vermeiden.

4 Diskurse zur Geschlechtergerechtigkeit: Diversity

Ein erster Schritt zur Verwirklichung von „Diversity" wäre folglich, sich von dem Blick auf die Gendergruppen zu lösen, um die Individuen wahrzunehmen. Das ermöglicht, zu erkennen, dass keineswegs alle Mädchen sich „mädchentypisch" und alle Jungen sich „jungentypisch" verhalten, sondern das „typische" Verhalten bestenfalls ein häufigeres Vorkommen bedeutet. Frau Steinhammer, die Werken Textil unterrichtet und hierbei einen sehr individuell ausgerichteten Unterricht praktiziert, beschreibt ihre Sichtweise der Mädchengruppen und der koedukativen Gruppen:

> „Es gibt Klassen, da ist es ziemlich egal, da sind beide Gruppen ziemlich ähnlich von ihrer Lautstärke, von ihrer Intensität, von ihrer Freude am Werken. Und es gibt Klassen, wo es ganz extrem unterschiedlich ist zwischen Buben und Mädchen, wo die Mädchen so still vor sich hin werken, kaum irgendwie jetzt so Dynamik aufkommt, und wo die Buben extrem unruhig sind, also..., das ist überhaupt nicht so vereinheitlichend zu sagen, und es gibt auch bei den Buben sehr unterschiedliche, und bei den Mädchen sehr unterschiedliche Charaktere, und da gibt es eben, weiß nicht, Sie haben es ja zum Teil selber gesehen, es gibt Mädchen, die sind extrem schüchtern und ruhig, und mache sind extrem extrovertiert, und ich weiß nicht, das war die eine Klasse, da waren Sie aber nicht drin, das war die Kollegin, die so gleich sagen, hoah! schreien und alles, und umgekehrt auch so Buben, die ganz ruhig und konzentriert und su-

per arbeiten, und andere, die halt unruhig sind, das ist in dem Alter noch nicht! So, kommt mir vor, so ein Unterschied... Weiß nicht, vielleicht kommt es später dann" (Steinhammer 9/2005).

Ein halbes Jahr später zeigt sich auch in der Beschreibung einzelner Kinder, dass Frau Steinhammer versucht, ihnen jeweils individuell gerecht zu werden. So unterscheidet sie, bei wem es nötig ist, sie zu ermahnen, wenn sie „tratschen" und bei wem nicht:

> „Ich kenn sie ja. Und ich weiß, welche Kinder was weiterbringen und bei welchen das Tratschen halt in erster Linie ist, wie z.b. bei Ursula, weil sie nämlich auch unruhig ist und damit die andern stört. Also es gibt sicher was, wie Siebdruck zum Beispiel, was für sie passend wäre. Die andern, die so tratschen, wie die Fatima und deswegen auch bissel später, also länger gebraucht haben, die glaub ich kann das nicht ohne dem, (lachend) sagen wir so, das gehört so zu ihrem, also sie tut dadurch a bissel langsamer arbeiten, aber sie braucht das glaub ich, dass sie da irgendwie mit ihren, mit ihren Freundinnen spricht. Es stört aber auch nicht die anderen...(Steinhammer 1/2006).

Von einer individualisierenden Sichtweise aus, stellt sich die Frage dann nicht mehr, was wäre den Geschlechtern gerecht, sondern was macht gute Schule aus. Frau Gärtner formuliert das folgendermaßen auf die Frage, was ihrer Meinung nach geschlechtergerecht sei:

> „Na ja, für mich wäre das eigentlich, dass beide Geschlechter die Möglichkeit haben, so wirklich ihre individuellen Anlagen, ursprünglichen Anlagen da ausleben zu können in der Schule, ja? Und dass sie Möglichkeiten haben, unter sich zu sein, aber... nicht dauernd, das ist eh klar.... Also zum Beispiel ist immer so ein Problem, die Buben, also, es sind meistens Buben, die auffallen in die Richtung, diese Aggressivität, oder diese Handgreiflichkeiten und so, und da, ich mein, mich wundert das alles nicht, weil das sind ja Lebensbedingungen, das ist ja wie Tierhaltung im Käfig, ja? Also, dass da was rauskommt, und da würde ich sagen, also eine geschlechtergerechte Schule, zum Beispiel, wenn die jetzt mehr Auslauf hätten, aber nicht nur die Buben, weil das würde den Mädchen auch nützen, ja? so, wie man umgekehrt sagt, Mädchenarbeit nutzt letztlich auch den Buben, ja? also, für mich ist geschlechtergerechte Schule insgesamt eine Qualitätsfrage, ja? Je höher die Qualität ist des Angebots, umso mehr können sich beide Geschlechter entfalten, so sehe ich das schon (Gärtner 9/2005).

Die vorgestellten Beispiele zeigen, dass diese Lehrkräfte bei ihrem Bemühen um individuelles Eingehen auf die Kinder dennoch einen Blick auf Geschlecht bei-

Geschlechtergerechtigkeit in der Schule 75

behalten. Konstruktion von Geschlecht heißt ja auch nicht, es gäbe keine Unterschiede. Zweigeschlechtlichkeit lebt davon, solche immer wieder zu produzieren, sie sind in gewisser Weise notwendig und orientierend. Problematisch wird sie dort, wo unnötige Einengungen der Einzelnen und damit Benachteiligungen erfolgen. Insofern ist die Reflektion des Verhältnisses von entdramatisierenden Maßnahmen zu einer aus Gerechtigkeitsperspektive heraus notwendigen Dramatisierung wichtig.

Eine solche Maßnahme, bei der eine Balance zwischen Dramatisierung und Entdramatisierung erfolgt und die sich an der Schule „Zimmerbreite" findet, ist das *Streithelfer/innen-Projekt*. Einer der Verantwortlichen für das Projekt erläutert im Interview, wie durch die Etablierung dieser Geschlecht nicht in den Vordergrund rückenden – also entdramatisierenden – Maßnahme zugleich Einfluss auf das Geschlechterverhältnis genommen wird:

> „Man möglichst vermeidet, immer zu sagen, die Buben sind und die Mädchen haben oder irgendwie so, weil das immer kontraproduktiv ist, weil es keine Differenzierung innerhalb der Geschlechter macht. Punkt zwei, strukturell haben wir versucht, durch diese Streithelferinnenausbildung etwas zu tun. Beziehungsarbeit, und letztlich ist Konfliktlösung Beziehungsarbeit in einer Schule, es muss immer gemacht werden, es machen meistens Klassenvorstände, einzelne Lehrkräfte, oder eben es machen auch Schülerinnen und Schüler, vorwiegend sind es Frauen beziehungsweise Mädchen, die das machen. Die Burschen machen die Probleme, die Mädchen sind beschäftigt, die auch zu, zu lösen, ja? wenn jetzt Beziehungsarbeit auf die Geschlechter aufgeteilt wird, und wenn man sagt, es gibt in keiner Klasse nur Streithelferinnen, sondern es gibt immer einen Streithelfer und eine Streithelferin, dann wird Beziehungsarbeit für Burschen sozusagen mal zunächst zur Normalität, in gleicher Weise wie für die Mädchen. Und diese Aufwertung sozusagen, dass man eine eigene Ausbildung macht, dass man am Schluss ein Dekret bekommt, dass die hin und wieder wo wegfahren dürfen, und dass das eigentlich nach einigen Jahren Anfangsschwierigkeiten ein angesehenes Amt ist, ist auch für Burschen Beziehungsarbeit etwas kostbares geworden. Teilweise, es ist natürlich jetzt nicht, dass alle sagen, wow,...aber es hat eine Aufwertung erfahren und es wurde klargelegt, das ist etwas, das nicht die Frauen für die Männer machen, sondern was Frauen und Männer gemeinsam füreinander tun müssen" (Schilenski 9/2005).

Auch Herr Müller, wie Herr Schilenski sowohl Bubenbetreuungslehrer und Streithelfer-Ausbilder, stellt einen Zusammenhang zu Gender her: Während eine Jungensprechstunde mit den Männlichkeitskonstruktionen kollidiert, ist die Inanspruchnahme von Streithelfern kompatibel:

> „Und... [gequält] weiß nicht, zum Burschenbeauftragten, da geht man, weil man selber als einzelner ein Problem hat, ja. Das zwei streiten ist wahrscheinlich, wird von den Burschen mehr akzeptiert, als wenn man als... so als... Sensibelchen, sag ich jetzt einmal vielleicht, da zum Bubenbeauftragten geht und dort sein Problem loswird, ja. Das ist irgendwie nicht burschengemäß.... Da geht man dann eher zu zweit zum Streithelfer, Streithelferin, das ist allgemeiner akzeptiert als wenn man sich öffnen muss, weil man ein Problem hat. So! ist das. Ja, weil das Streiten wird eher akzeptiert, gemeinsam, ne, als wenn man sagen muss ‚ich komm nicht zurecht, ich hab als Bursch ein Problem'. Das glaube ich jetzt fast, dass das so, warum das unterschiedlich ankommt" (Müller 9/2005).

Ein weiterer Bereich, in dem die Frage von Heterogenität und Entdramatisierung von Geschlecht Handlungsmöglichkeiten bietet, ist der Umgang mit stillen Kindern. Hier lassen sich Überlegungen anstellen, wie Gruppenbildungen sinnvoll wären, die andere Kriterien als Geschlecht nutzen. Herr Schilenski erörtert im Anschluss an seinen Bericht über das Kugelbahnbeispiel aus dem Unterricht seiner Frau eine solche Lösung:

> „Ob da nicht eine andere Aufteilung sinnvoller wäre, zum Beispiel stille Burschen und stille Mädchen zusammen zu nehmen, und laute Mädchen und laute Burschen....
> Also, man könnte zum Beispiel durch so eine Aufstellung, diagonal in der Klasse, wer glaubt zum Beispiel, sich oft durchsetzen zu können, stellt sich ganz ans Ende, wer glaubt, immer den Kürzeren zu ziehen und sich nicht durchsetzt, an das andere Ende, und egal, ob Burschen oder Mädchen und dann teilt man in der Mitte und sagt, ok, wir schauen einmal die Durchsetzer, und die, die sich nicht durchsetzen können, ob's vielleicht Strategien gibt, die die eine oder die andere Gruppe mitbeachten sollte. Dann hätte man eine Teilung, die sie selber vornehmen, also, wenn ich als Lehrer sag, du bist ein leiser, du bist ein lauter, ist natürlich immer gefährlich" (Schilenski 9/2005).

Es gibt mehrere Lehrkräfte, die das Problem der stillen Kinder ansprechen (Mertens 9/2005 Gärtner 9/2005), wobei die Meinung vorherrscht, die Mädchenparteilichkeit habe erreicht, dass man mittlerweile einen Blick für die stillen Mädchen habe und wüsste, wie man diese aktiver einbeziehen könne. Tatsächlich ist es aber auch eine keineswegs geklärte Frage, ob man stille Kinder nun zu lauten machen solle – oder allgemeiner gefragt, *wieweit Verhaltensweisen von Kindern geändert werden sollen*. Eine Lehrerin thematisiert das Problem für sich:

> „Aber was mich bei dem still und laut ja auch beschäftigt, ist immer wieder die, und das mag auch mit Mädchen und Buben zusammenhängen, die Frage,

> wie weit muss ich sie provozieren, also wie weit muss ich sie ändern. Weil es gibt bis hin zur siebten, achten Klasse Persönlichkeiten. Es gibt die, die irrsinnig viel wissen und gescheit sind, aber in der Stunde nie den Mund aufmachen. Ist es jetzt meine Aufgabe, sie zu zwingen, sie zu provozieren, sie zu ändern? Und wie weit geh' ich da? Und das find ich nicht! leicht zu entscheiden immer wieder.
> Interviewer: „Aber Sie hätten schon die Einschätzung, dass es auch Ihre Aufgabe ist, die Kinder, nennen wir's mal zu ändern, ich greif' das Wort mal auf?"
> „Na ja die, die goschert (= frech) sind, der Felix, der hat's im Leben sicher leichter. Aber wenn er jetzt ein paar Mal im Mittelpunkt steht, kriegt er, kriegt er ganz viel, er hat einfach viel mehr Redeübung als... fällt mir jetzt gar nicht, da grad' niemand ein, als die, wen könnt ich denn nehmen in der Klasse? als die Regina, die um vieles weniger redet. Das ist, es ist einfach so, dass das auch fürs Leben sicher,... die, die nur Rechtschreibfehler machen, aber nie was sagen, haben trotzdem weniger fürs Leben als die, die sehr wortgewandt sind, darum geht's" (Kottwitz 1/2006)

Dies verweist – und das will ich abschließend noch ansprechen –, auf ein immer wieder neu zu balancierendes Problem beim Bezug auf Diversity, nämlich auf die Frage, in wie weit es wichtig ist, *„untypische" Verhaltensweisen zu fördern* oder *unterschiedliche Interessen zu akzeptieren*. So berichtet Herr Hubertus, dass Ansätze, den Schülerinnen und Schülern „geschlechtsuntypische" Erfahrungen zu ermöglichen, durchaus nicht von allen Lehrkräften positiv gesehen wurden:

> „Es gab noch den Mädchen-Buben-Tag, wo Mädchen in Buben-, Männerdomänen und vice versa Tage verbracht haben. Ich bin zum Beispiel damals mit sechs Mädchen einer achten Klasse (= 12. Jahrgang) zu einer Prüfstelle von, Autoprüfstelle gegangen, sie haben dort Reifen gewechselt, sie haben in den Motor reingeschaut, sie haben, sie durften dann mit dem Auto fahren, man hat ihnen diese [unverständlich] TÜV, diese Überprüfung erklärt und so weiter. Dann am Buben', aber das hat sich leider! zu, auch zu meinem Bedauern ist das irgendwie wiederum wegen kritischer Stimmen ab', weil man sagt, naja, im Prinzip... zwingt man die Leute dann wieder in Schubladen hinein. Warum sollen Frauen nicht gern kochen, warum sollen Männer nicht gerne Mechaniker werden wollen? Das ist legitim, das Interesse, man muss das anders angehen. Und dieser Ansatz hat aber nicht gereicht, dass sich jemand damit... intensiver beschäftigt hätte, so dass es weitere! Aktionen gegeben hätte" (Hubertus 9/2005).

Untypische Interessen – wo sie vorhanden sind – zu unterstützen und nicht zu behindern, stellt in einer solchen Strategie eine Selbstverständlichkeit dar, wie Frau Heise, Mathematik- und Physiklehrerin beschreibt:

„Mir geht es einfach darum, dass jedes Individuum... ob Mann, Frau, bestmöglich gefördert wird und bestmöglich sich entfalten kann nach seinen Möglichkeiten und seinem Willen. Darum geht's mir eigentlich. Und dass da keine künstlichen Schranken aufgebaut werden und Grenzen gezogen werden, dass es heißt, ‚ja, du bist eine Frau, du kannst das nicht'. Also damit bin ich immer konfrontiert worden, wie ich gesagt hab, ich studier' Mathematik und Physik, hat es geheißen ‚Gottes Willen, du bist ja ein Mädchen, wie kommst du denn auf diese verrückte Idee'... Und das hat mich viel, das hat natürlich erst so recht justament diesen, das herausgefordert in mir, dass ich das allen zeige, es geht sehr wohl, und... das heißt nicht, dass eine Frau eben nicht naturwissenschaftlich gut ist, das heißt nicht, dass ein Mann oder ein Bub nicht sprachlich gut sein kann oder kreativ sein kann. Und dass einfach das angeschaut werden soll, unabhängig davon, welches Geschlecht der Betreffende oder die Betreffende hat. das ist sozusagen für mich ... was ich damit verbinde" (Heise 9/2005).

Heterogenität als Schulrealität und Diversity als Zielsetzung auch für Geschlechtergerechtigkeit finden folglich am ehesten eine Verwirklichung, wenn „guter Unterricht" gemacht wird, ein Unterricht nämlich, der jedem Kind gerecht wird. Geschlechtergerechtigkeit bedeutet dann, auf der Basis von „Geschlechter-Wissen" sensibel für Prozesse des doing gender zu sein, aber keineswegs alle Positionierungen nur durch diese Brille zu sehen.

Zitierte Literatur bzw. Veröffentlichungen zum Projekt

Brake, Anna/Bremer, Helmut (Hg.) (2010): Alltagswelt Schule. Die soziale Herstellung schulischer Wirklichkeiten. Weinheim: Juventa.
Budde, Jürgen (2006): Dramatisieren – Differenzieren – Entdramatisieren, in: Der Deutschunterricht, Heft 1, S. 71-83.
Budde, Jürgen (2006): Wie Lehrkräfte Geschlecht (mit-)machen – doing gender als schulischer Aushandlungsprozess. In: Seemann/Jösting (2006) S. 45-60.
Budde, Jürgen (2007): Brauchen wir eine spezielle Jungenförderung am Gymnasium. In: Jahnke-Klein/Kiper/Freisel (Hg.) (2007) S. 215-231.
Budde, Jürgen (2008): Geschlechterkonstruktionen im Sozialen Lernen in der Schule – Bericht aus einem empirischen Forschungsprojekt. In: Zeitschrift für Frauenforschung & Geschlechterstudien Jg. 26 H. 1, S. 69-81.
Budde, Jürgen/Faulstich-Wieland, Hannelore/Scholand, Barbara (2007): Geschlechtergerechtigkeit in der Schule – ein Forschungsprojekt. In: Fischer/Elsenbast (2007) S. 145-150.
Budde, Jürgen/Mammes, Ingelore (Hg.) (2009): Jungenforschung empirisch. Zwischen Schule, männlichem Habitus und Peerkultur. Wiesbaden: VS Verl. für Sozialwiss.

Budde, Jürgen/Scholand, Barbara/Faulstich-Wieland, Hannelore (2008): Geschlechtergerechtigkeit in der Schule. Weinheim: Juventa.
Faulstich-Wieland, Hannelore (2007): Koedukation – geschlechtergerechte Schule. Teil 3 des Studienbriefs „Strukturen und Strukturprobleme des deutschen Bildungssystems". Fernuniversität Hagen.
Faulstich-Wieland, Hannelore (2007): Eine Bühne für Inszenierungen – Doing gender im Schulalltag. In: Friedrich Jahresheft Schüler 2007, S. 90-93.
Faulstich-Wieland, Hannelore (2009): „Jungenverhalten" als interaktive Herstellungspraxis. In: Budde/Mammes (2009) S. 91–101.
Faulstich-Wieland, Hannelore (2009): Doing gender im Schulalltag. Gendersensibilität entwickeln. In: Ethik und Unterricht 4, S. 18-21
Faulstich-Wieland, Hannelore (2010): Schule als gemeinsame Alltagswelt für Mädchen und Jungen. In: Brake/Bremer (2010) S. 45–65.
Fischer, Dietlind/Elsenbast, Volker (Hg.) (2007): Zur Gerechtigkeit im Bildungssystem. Münster: Waxmann.
Jahnke-Klein, Sylvia/Kiper, Hanna/Freisel, Ludwig (Hg.) (2007): Gymnasium quo vadis? Zwischen Elitebildung und Förderung der Vielen. Baltmannsweiler: Schneider Verlag Hohengehren.
Parnigoni, Brigitte/Schrittesser, Ilse: Geschlechtsdifferenzierender Unterricht und Koedukation. Wien: Bundesministerium für Unterricht und kulturelle Angelegenheiten. Abteilung für Mädchen- und Frauenbildung.
Seemann, Malwine/Jösting, Sabine (Hg.) (2006): Gender und Schule. Oldenburg.

Hinweis: Die Ausführung sind auch enthalten in einem Studienbrief der FernUniversität Hagen (Kurs: „Bildung, Arbeit und Beruf" Kurs-Nr.: 4333).

Sexistisch-ethnische Segregation der Pflege- und Hausarbeit im Zuge der EU-Erweiterung

Dorothee Frings

Die Delegation von Reinigungs-, Betreuungs- und Pflegearbeiten an Dienstpersonal war und ist in begüterten Privathaushalten weltweit eine Selbstverständlichkeit.

Die Zerstörung Europas nach dem zweiten Weltkrieg, die weitgehende Abschaffung von Haushaltspersonal in den Staaten des „realen Sozialismus" und die Emanzipations- und Studentenbewegung ließen das ‚Hausmädchenwesen' in der zweiten Hälfte des 20. Jahrhunderts als gesellschaftliches Phänomen verschwinden; nur als feudalistisches Relikt war es in wenigen Haushalten der Oberschicht anzutreffen (Beer 2008, S. 59).

Mit der Zunahme der Frauenerwerbstätigkeit und dem steigenden Bedarf an Pflege für die Elterngeneration lässt sie die Übernahme von häuslicher Arbeit nicht mehr als Problem partnerschaftlicher Verteilung behandeln.

Die Hausmädchen sind wieder zur gesellschaftlichen Normalität geworden, nicht mehr als Statussymbol des Bürgerhaushalts, sondern als Ausweg, um die Doppel- und Dreifachbelastung durch Erwerbstätigkeit, Kindererziehung, Pflege von Angehörigen und Haushaltsarbeit bewältigen zu können. Einen regelrechten Boom erlebte die Delegation von Pflege- und Hausarbeit seit der EU-Erweiterung im Jahr 2004. 100.000 Haushaltshilfen aus den Beitrittsgebieten unterstützen deutsche Privathaushalte bei der Betreuung pflegebedürftiger Menschen (Neuhaus u.a. 2009, S. 17); wie viele in der Kinderbetreuung und als Putzfrauen stundenweise beschäftigt sind, lässt sich kaum schätzen.

In Deutschland steht dabei der Pflegebedarf im Vordergrund. Nachdem zunächst in den 90iger Jahren mit einem verstärkten Ausbau von Pflege- und Betreuungseinrichtungen auf den steigenden Pflegebedarf wegen des deutlichen Anstiegs der Lebenszeit reagiert wurde, soll angesichts der Kosten die Verantwortung wieder stärker an die Familie zurückgegeben werden und auf die private Organisation von Pflege gesetzt werden.

Ausgerechnet die Generation von Frauen, für die das ‚Hausmädchenwesen' als Ausdruck der feudalen Frauenversklavung unvereinbar mit ihrem emanzipatorischen Selbstbild ist, sieht sich unabweislich der Notwendigkeit gegenüber, häusliche Arbeiten outzusourcen. Der Konflikt wird zum Dilemma durch die begrenzten finanziellen Spielräume der Mittelstandshaushalte, die Beschäftigungen auf der Grundlage des bestehenden Arbeitsrechts nicht erlauben und die Ausbeutung migrantischer Arbeit geradezu erfordern. Allerdings passt etwa die afrikanische Frau ohne Aufenthaltspapiere so offensichtlich in das Klischee kolonialistisch patriarchalischer Arbeitsteilung, dass für die westeuropäische Akademikerin ein deutliches Legitimationsproblem entsteht. Handelt es sich nicht nur um eine ‚Zugehfrau', sondern lebt die Haushaltshilfe in der Wohnung, so muss sich die Arbeitgeberin mit den moralischen Haltungen ihres gesamten sozialen Umfelds auseinandersetzen.

In dieser Situation bietet die EU-Erweiterung ungewöhnlich mobile Arbeitskraftreserven, die aufgrund der Arbeitsmarktrestriktionen während der Übergangsphase bis zur vollen Freizügigkeit leicht in prekäre Arbeitsmarktsektoren zu lenken sind. Die EU-Regelungen ermöglichen weitgehend legale Ausgestaltungen von Arbeitsverhältnissen, bei gleichzeitiger Befreiung von allen Fesseln des deutschen Arbeitsrechts. Diese neuen Vertragskonstruktionen bilden eine wichtige Brücke zur Überwindung der Skrupel der Arbeitgeberhaushalte gegenüber der sexistisch-rassistischen Segregation des Arbeitsmarktes. Dies trifft auf eine Sozialpolitik, die immer mehr öffentliche Verantwortung zurücknimmt und soziale Aufgaben privatisiert. Widerstände gegen eine solche Politik werden abgefangen durch die lukrativen Möglichkeiten des ‚Hausmädchenwesens' auch für Mittelschichtsfamilien. Im Folgenden soll der Frage nachgegangen werden, warum gerade Frauen aus den mittel- und osteuropäischen Staaten (MOE-Staaten) den Bedarf an überwiegend legalen, billigen und moralisch unbedenklichen haushaltsnahen Dienstleisterinnen decken und wie die Sozialpolitik in Europa zunehmend auf die privat organisierte Pflege orientiert.

1 Der Ausbau haushaltsnaher Dienstleistungen im Rahmen des Umbaus des Sozialstaates

Alle entwickelten Industriestaaten sind mit einer spürbaren Veränderung der Relation zwischen produktiver und unproduktiver Lebenszeit der Bevölkerung – gemessen an der ökonomischen Verwertung – konfrontiert (demographischer Wandel). So verändert sich auch das Verhältnis von Arbeitserlösen und Reproduktionskosten, einschließlich der Sozialkosten für die Zeit nach Beendigung der Erwerbsarbeit. Da die Negativbilanz nicht aus den steigenden Profiten ausgeglichen werden soll, lässt sie sich nur durch Staatsverschuldung oder durch Reprivatisierung sozialer Sicherung steuern. Entsprechend wurde ab Ende der 1990er Jahre der ‚Umbau des Sozialstaats' eingeleitet, der vor allem eine schleichende Privatisierung sozialer Risiken beinhaltet. Es handelt sich dabei nicht um ein deutsches Phänomen; die Umstrukturierung erfasst alle europäischen Staaten, die seit den 1960er Jahren die wohlfahrtsstaatliche Absicherung immer weiter ausgebaut hatten. Die Notwendigkeit der Mobilisierung von Arbeitskraftreserven und auch die unumkehrbare Veränderung der Familienmodelle verbietet eine Rückkehr zur traditionellen Verantwortung von Frauen für die zunehmende Reproduktionsarbeit. Wichtiges Element des Umbaus der Sozialstaatsstrukturen wird daher die Entwicklung eines Niedrig-Lohn-Sektors in neuer Qualität, die in Deutschland in nur wenigen Jahren konsequent vorangetrieben wurde (Frings in Castro Varela/Clayton 2003, S. 58ff.). Bei dieser Umstrukturierung geht es nicht allein um die Senkung der Arbeitskosten, sondern auch um die Mobilisierung der qualifizierten Frauen für den Arbeitsmarkt bei gleichzeitiger Erhöhung der Geburtenrate.

Immer wieder wurden die personalen und haushaltsnahen Dienstleistungen als Arbeitsmarktsektor der Zukunft angepriesen. Dennoch scheiterten alle Versuche, die in Deutschland verfügbaren ungelernten Arbeitsuchenden in diesen Bereich zu lenken. Der Grund liegt vor allem in den hohen Kompetenz- und Qualifikationsanforderungen für Tätigkeiten im Bereich von Pflege und Betreuung, aber auch von Reinigungstätigkeiten. Die wenigen Frauen in Deutschland, die diese Anforderungen erfüllen können und zugleich bereit sind, unterbezahlte, entrechtete und oft auch demütigende Arbeit in direkter persönlicher Abhängigkeit zu leisten, finden sich nicht unter den registrierten Kunden der Arbeitsverwaltung (Spindler, Streit 2009, S. 5ff.). Der deutsche Arbeitsmarkt ist zugleich hoch restriktiv gegen Arbeitszuwanderung – insbesondere von ungelernten Arbeitskräften – abgeschottet. Das Ausländerrecht bietet kaum Möglichkeiten der Zuwanderung zum Zweck der Ausübung personaler Dienstleistungen. Dem steht ein ungedeckter Bedarf an haushaltsnahen Dienstleistungen gegenüber, der auch in Zeiten hoher Arbeitslosigkeit nicht aus der vorhandenen Arbeitskraftreserve bedient werden kann. In diesem Prozess kommt den EU-Migrantinnen eine wichtige Funktion zu. Das Institut für Wirtschaftsforschung (Ifo) entwickelte schon 2000 eine Arbeitsmarktprognose zur EU-Erweiterung, die im Wesentlichen die rechtlichen Beschränkungen beim Zugang zum Arbeitsmarkt vorschlug, die auch in die Beitrittsverträge aufgenommen wurden. Durch die Beschränkungen sollte die Osterweiterung als Hebel zur Schaffung eines neuen Niedriglohnarbeitsmarktes dienen und als Folge auch eine Umgestaltung (Reduzierung) der Sozialsysteme ermöglichen (Sinn u.a. 2000, S. 313ff.).

In Deutschland besteht die größte Bedarfslücke im Bereich der häuslichen Pflege. Laut Pflegestatistik 2007 werden von 2,25 Millionen Pflegebedürftigen in Deutschland 1,5 Millionen (entspricht 68 Prozent) zu Hause versorgt (Statistisches Bundsamt 2008, S. 4). Die Hauptpflegeperson ist in ca. 75 Prozent der Fälle eine Frau (Klammer in Bothfeld u.a. 2005, S. 362). Etwas mehr als eine Million, also zwei Drittel der zu Hause Versorgten, nehmen keinen ambulanten Pflegedienst in Anspruch; nach der Statistik werden sie ausschließlich von Angehörigen gepflegt (Statistisches Bundesamt 2008, S. 4). Tatsächlich bedeutet dieser Befund nur, dass die Angehörigen die Pflege – wie auch immer – ohne offizielle professionelle Dienste organisieren. Immerhin sind 79 Prozent aller Hauptpflegepersonen im erwerbsfähigen Alter und damit zumindest potentiell berufstätig (Klammer in Bothfeld u.a. 2005, S. 362). Bei 70 Prozent der demenzkranken Personen muss ein Pflege- oder Betreuungsbedarf rund um die Uhr abgedeckt werden (Laag u.a. *Die Schwester/Der Pfleger 8/2008,* S. 739ff.). Die Pflegeversicherung leistet mit dem Pflegegeld (2010: 225 bis 685 Euro), lediglich einen Zuschuss zur häuslichen Pflege, der weit davon entfernt ist, die tatsächlichen Kosten einer ständigen Betreuung abzudecken. Viele Haushalte und Angehörige liegen mit ihren Einkommen an der Schwelle, die sie verpflichtet, die verbleibenden Kosten der Pflege selbst zu übernehmen. Selbst wenn Ansprüche auf Leistungen der Sozialhilfe bestehen, werden sie oft aus Unkenntnis oder Scheu vor der Bittstellersituation nicht abgefordert. Zwar bietet § 65 Abs. 1 S. 2 SGB XII die Möglichkeit, eine Fachkraft für die häusliche Pflege einzustellen[1], von dieser Regelung, die noch zu Zeiten des früheren Bundessozialhilfegesetzes häufig genutzt wurde, wird aber kaum noch Gebrauch gemacht. Die Mehrheit der Familien ist daher mit der Versorgung und Pflege älterer Menschen überfordert; zugleich haben zwei von drei Bürgern das Vertrauen in staatliche Lösungskonzepte für die Aufgaben der Pflegeversorgung im Alter verloren (Europäische Kommission 2009, S. 7).

---

1 § 65 Abs. 1 S. 2 SGB XII bietet die Möglichkeit die Anstellung einer Fachkraft im Haushalt zu finanzieren, wenn eine andere Lösung nicht zumutbar ist oder wenn die häusliche Versorgung durch die Fachkraft gegenüber einer stationären oder teilstationären Versorgung keine Mehrkosten von mehr als 20 Prozent verursacht (§ 13 Abs. 1 SGB XII). Auf der Grundlage dieser Regelung kann der Sozialhilfeträger – im Unterschied zur Pflegeversicherung – auch privat organisierte Pflegekräfte in einem sozialversicherungspflichtigen Anstellungsverhältnis finanzieren. Als Fachkraft gelten dabei nicht nur Personen mit einer anerkannten Altenpflegeausbildung, sondern auch mit anderen Qualifizierungen des Gesundheits- und Sozialbereichs (Krahmer 2008: § 65 Rn. 10). Auch Pflegekräfte aus anderen EU-Staaten können bei entsprechender Vorbildung die Pflege übernehmen.

2 Die Arbeitskraftreserven der neuen EU-Staaten für die ungedeckten Bedarfe der Alt-EU-Staaten

In dieser Situation entsteht durch die Erweiterung der EU die Möglichkeit der Gewinnung von Arbeitskräften für ungedeckte Bedarfe. Angesichts einer dramatischen Arbeitslosigkeit zu Beginn dieses Jahrtausends gilt jedoch jeder ungesteuerte Zugang zum Arbeitsmarkt aus dem Ausland als arbeitsmarktpolitisch gefährlich und darüber hinaus als der Bevölkerung nicht vermittelbar. In den verschiedenen Staaten Europas kommt es zu einem sehr unterschiedlichen Umgang mit den Optionen zur Beschränkung der Arbeitnehmerfreizügigkeit[2]. Ganz überwiegend gelingt es jedoch durch unterschiedliche Maßnahmen je nach den länderspezifischen Gegebenheiten, die neuen Arbeitskräfte in Arbeitsmarktsegmente mit ungedeckten Bedarfen zu lenken.

Die Arbeitsmarktrestriktionen verhindern nicht die Erwerbstätigkeit von Neu-Unionsbürgern in Deutschland, belasten sie jedoch mit Hürden und Wartezeiten und steuern die Arbeitsmigration so in den Niedrig-Lohn-Arbeitsmarkt und alle Formen prekärer Beschäftigung.

Auf der Grundlage von makroökonomischen Simulationen gelangt das Institut für Arbeitsmarkt- und Berufsforschung in einer Studie (Baas u.a., IAB-Kurzbericht 9/2009, S. 8) zu dem Ergebnis, dass die Zuwanderung aus den neuen EU-Staaten in die Alt-EU-Staaten im Gesamtumfang von ca. 2,2 Millionen Menschen langfristig ausschließlich positive Effekte auf die einheimische Bevölkerung in Form einer leichten Erhöhung des Einkommens und eines Rückgangs der Arbeitslosigkeit hat. Diese Auswirkungen sind vor allem darauf zurückzuführen, dass das Arbeitskräfteangebot nicht substitutiv, sondern komplementär zu den bisher in diesen Segmenten Beschäftigten erfolgte. Fast 40 Prozent der in den letzten Jahren nach Deutschland Zugewanderten kam aus den neuen EU-Staaten (BMI/BAMF 2008, S. 14 f.). In diesen offiziellen Statistiken werden aber bei weitem nicht alle Wanderungsbewegungen registriert, zumal Unionsbürger in den ersten drei Monaten ihres Aufenthalts keiner Meldepflicht unterliegen.

Von den etwas mehr als 400.000 weiblichen Angehörigen der neuen EU-Staaten in Deutschland (Statistisches Bundesamt 2010, S. 36, Stand 31.12.2008) arbeiten Schätzungen zufolge ca. 100.000 als Haushaltshilfen (Neuhaus u.a. 2009: 17). Den genauen Umfang zu erfassen ist kaum möglich, weil in Deutschland für Tätigkeiten, die im Rahmen der europäischen Dienstleistungsfreiheit erfolgen,

---

2 Die Beitrittsverträge ermöglichen eine Kontrolle und Beschränkung des Zugangs zum Arbeitsmarkt für einen Zeitraum von höchstens sieben Jahren. Für die im Jahr 2004 beigetretenen Staaten bestehen derzeit nur noch in Deutschland und Österreich Beschränkungen beim Arbeitsmarktzugang.

keine Registrierungspflicht besteht. Auch kann der Umfang der Schwarzarbeit nur auf der Grundlage von Haushaltsbefragungen geschätzt werden.

Die Besonderheit der Frauen aus den neuen Mitgliedstaaten gegenüber den klassischen migrantischen Haushaltsarbeiterinnen besteht in ihrem hohen Bildungsniveau; viele von ihnen sind Akademikerinnen (Ramirez-Machado 2003). Das Qualifikationsniveau der Arbeitsuchenden aus den neuen EU-Staaten unterscheidet sich nicht von dem Niveau in den Zielländern; der Anteil der Personen ohne Berufsausbildung ist sogar geringer (Europäische Kommission 2008).

Die wichtigsten Push-Faktoren für die Migration von Frauen aus den postsowjetischen Staaten bilden die Verantwortung für die Sicherung der Lebensgrundlage der Familie und das Ziel, ihren Kindern eine qualitativ hochwertige Ausbildung zu ermöglichen. Antrieb ist aber auch der Wunsch nach Verwertung der erworbenen Qualifikationen und der Verwirklichung eines beruflichen Aufstiegs. In Staaten mit bereits relativ konsolidierten ökonomischen Verhältnissen und Infrastrukturbedingungen wie Polen bestehen geringe Tendenzen zu langfristiger Migration. Höhere Einkommen in den Herkunftsstaaten, räumliche Nähe und soziale Netzwerke wirken sich günstig auf eine temporäre Migration aus. Die moderne EU-Migration ist die Pendelwanderung oder das Leben als Grenzgängerin (Han 2003, S. 171). Für Rumäninnen und Bulgarinnen spielen dagegen ethnische Konflikte, die Erfahrung von Rassismus und die fehlende Absicherung des Lebensunterhalts eine bestimmende Rolle (Herzog 2003, S. 8). Derzeit fehlen in Rumänien Arbeitskräfte. Die Lücke, die 2,5 Millionen Auswanderer in den letzten Jahren gerissen haben, wird von Wanderarbeiterinnen aus China, der Ukraine und Moldavien gefüllt. So wird die Rückkehr der Auswander/innen erschwert, weil die Löhne in Rumänien sinken (Europäische Kommission 2008, S. 15). Aber auch die Frauen aus Rumänien und Bulgarien treffen nicht einmalig einen Migrationsentschluss; sondern begeben sich auf eine oft langandauernde Suche nach einem geeigneten Lebensort, in deren Verlauf immer wieder neue Migrationsentscheidungen getroffen werden (Straubhaar 2002, S. 31; Europäische Kommission 2008, S. 10).

Die Migrationsentscheidung entspricht nicht ohne weiteres den eigenen biografischen Konzepten der Frauen aus den neuen EU-Staaten. Oftmals mit guter schulischer und/oder beruflicher Qualifizierung ausgestattet, gilt ihre konsequente Zielsetzung einer Berufsausübung, die ihren Interessen und Begabungen entspricht und ihnen Aufstiegsmöglichkeiten bietet; darin unterscheiden sie sich wenig von den beruflich gebildeten Frauen in den Alt-EU-Staaten. Die Vereinbarkeit von Erwerbstätigkeit, Kindererziehung und sonstiger Familienarbeit ist für Frauen aus den post-sozialistischen Staaten oft selbstverständlicher als für Frauen aus europäischen Staaten mit traditionellen Familienkonzepten. Mit der Systemtransformation von einem planwirtschaftlichem zu einem marktwirtschaftlichen Gesellschaftssystem haben aber viele Frauen ihre zuvor gesicherten Arbeitsplätze verloren; gleichwertige neue Arbeitsplätze stehen bislang nur in geringem Umfang zur Verfügung. Von vielen wird deshalb die Tätigkeit als Haushaltshilfe in einem anderen Land als ein Übergangsstadium gesehen, eine Phase, in der es vor allem gilt, sich selbst und die Familie vor dem sozialen Abstieg zu bewahren, die Ausbildung der Kinder zu sichern und auf eine verbesserte Arbeitsmarktsituation in ihrem Herkunftsland zu hoffen. Der eingeschränkte Arbeitsmarktzugang in den Alt-EU-Staaten ermöglicht es den Frauen aus den neuen EU-Staaten noch nicht ihre Berufsqualifikationen einzusetzen und am Arbeitsmarkt mit den einheimischen Arbeitskräften zu konkurrieren. Sie sind darauf verwiesen, die Bedarfslücken unter Bedingungen auszufüllen, die von den angestammten Arbeitsuchenden nicht akzeptiert würden. Dieser Warteposition ist es zu verdanken, dass die EU-Migrantinnen Arbeitsbedingungen akzeptieren, die überwiegend sogar unter dem Niveau des Arbeits- und Sozialschutzes ihrer Herkunftsländer liegen.

3 Rechtliche Ausgestaltung der haushaltsnahen Dienstleistungen durch Neu-Unionsbürgerinnen

In Deutschland übernehmen die Frauen aus den MOE-Staaten die unterschiedlichsten haushaltsnahen Dienstleistungen; ein deutlicher Schwerpunkt liegt jedoch auf der Versorgung von alten und pflegebedürftigen Menschen. Eine Rund-Um-die-Uhr-Versorgung durch einen deutschen Pflegedienst kostet ca. 5.000 bis 6.000 Euro im Monat, von denen die Pflegekasse je nach Pflegestufe 450 bis 1.510 Euro (2010) übernimmt. Bei einer Heimunterbringung ist mit 2.500 bis 3.500 Euro zu rechnen. Die Finanzierbarkeit der Pflege hat vor allem für diejenigen Familien Priorität, die nicht nur das Einkommen der Pflegebedürftigen selbst, sondern auch das weiterer Angehöriger einsetzen müssen. Hinzu kommt, dass die Realität der stationären Pflege von vielen Angehörigen als menschenverachtend wahrgenommen wird.

Haushaltsnahe Dienstleistungen von Frauen aus den neuen EU-Staaten können in Deutschland auf der Grundlage unterschiedlicher Rechtskonstruktionen erbracht werden, die im Folgenden näher dargestellt werden.

Wohnsitz in Deutschland und Aufnahme einer Beschäftigung

Neu-Unionsbürgerinnen können zum Zwecke der Arbeitsuche in Deutschland einen Wohnsitz begründen und erhalten eine zeitlich nicht befristete Freizügigkeitsbescheinigung (§ 2 Abs. 2 Nr. 1 FreizügG/EU[3]). Für die erstmalige Aufnahme einer Beschäftigung benötigen sie eine Arbeitserlaubnis-EU, die von der Arbeitsagentur nach einer Arbeitsmarktprüfung erteilt werden kann (§ 284 Abs. 3 SGB III), tatsächlich aber bei ungelernten Arbeitskräften für haushaltsnahe Dienstleistungen mit Verweis auf ausreichend ungelernte, gemeldete Arbeitsuchende mit deutscher oder EU-Staatsbürgerschaft in der Regel nicht erteilt wird. Ausgebildete Pflegekräfte mit einer Anerkennung nach § 2 Abs. 3 oder 4 AltPflG[4] haben hingegen realistische Chancen, eine Arbeitserlaubnis für eine ordnungsgemäß entlohnte (zukünftig nach Mindestlohn) Beschäftigung zu erhalten.

Sobald Arbeitnehmerinnen aus den neuen EU-Staaten ein Jahr lang eine (auch geringfügige) Beschäftigung ausgeübt haben, wird ihnen eine Arbeitsberechtigung-EU mit dem Recht auf unbeschränkten Zugang zum Arbeitsmarkt erteilt (§ 284 Abs. 5 SGB III in Verbindung mit § 12a ArGV[5]). Dasselbe gilt, wenn

- ein Familienangehöriger bereits über eine Arbeitsberechtigung-EU verfügt;
- sie sich seit mehr als drei Jahren gemeldet in Deutschland aufhält (§ 284 Abs. 6 SGB III i.V.m. § 9 BeschVerfV);
- sie Ehegattin oder Lebenspartnerin eines Deutschen ist (§ 284 Abs. 6 SGB III i.V.m. § 28 Abs. 5 AufenthG);
- sie Familienangehörige eines Selbstständigen oder sonst Freizügigkeitsberechtigten ist (die Übergangsregelungen gelten nur für Arbeitnehmer und ihre Familienangehörigen) sowie
- in weiteren Sonderfällen (Hochqualifizierte, junge Menschen mit einem Bildungsabschluss in Deutschland, nach einer Au-pair-Tätigkeit u.a.m.).

---

3   Gesetz über die allgemeine Freizügigkeit von Unionsbürgern (Freizügigkeitsgesetz/EU – FreizügG/EU) = Art. 2 des Zuwanderungsgesetzes vom 30.07.2004 (BGBl I S. 1950, 1986), zuletzt geändert durch Art. 7 des Gesetzes vom 26.02.2008 (BGBl I S. 215).
4   Gesetz über die Berufe in der Altenpflege (Altenpflegegesetz – AltPflG), in der Fassung der Bekanntmachung vom 25.08.2003 (BGBl. I S. 1690), zuletzt geändert durch Art. 12b des Gesetzes vom 17.07.2009 (BGBl. I S. 1990).
5   Verordnung über die Arbeitsgenehmigung für ausländische Arbeitnehmer (Arbeitsgenehmigungsverordnung – ArGV) vom 17.09.1998 (BGBl. I S. 2899), zuletzt geändert durch Art. 7 Abs. 3 des Gesetzes vom 21.12.2008 (BGBl. I S. 2917).

Vermittlung als Haushaltshilfe über die Zentrale Auslands- und Fachvermittlung der Bundesagentur für Arbeit

Erstmals 2002 und 2003 und dann wieder ab 2005 konnten und können Haushaltshilfen aus den mitteleuropäischen Unionsstaaten (das Baltikum ausgenommen) auf der Grundlage von Absprachen der Arbeitsverwaltung angeworben werden (§ 21 BeschV[6]). Im Unterschied zu selbst gesuchter Arbeit muss hierbei stets die Zentrale Auslands- und Fachvermittlung der Bundesagentur für Arbeit (ZAV) eingeschaltet werden. Die Arbeitgeber wenden sich mit einem Vermittlungsauftrag an die ZAV, wobei die gewünschte Haushaltshilfe namentlich benannt werden kann. Ob sie ihren Wohnsitz im In- oder Ausland hat, spielt keine Rolle. Der Vorteil gegenüber einer selbst gesuchten Tätigkeit besteht darin, dass die Arbeitsagentur auf die Prüfung verzichten kann, ob ungelernte deutsche Arbeitsuchende oder Unionsbürger für die Beschäftigung in Frage kommen (vgl. die entsprechenden Durchführungsanweisung in Bundesagentur für Arbeit 2009b: 4.3.1). Wird eine Arbeitsmarktprüfung dennoch durchgeführt, so ist sie innerhalb von einer Woche abzuschließen (vgl. ebd.: 4.3.2). Eine ernsthafte Suche nach vorrangigen Arbeitsuchenden ist in dieser Zeit kaum möglich. Die Regelung beinhaltet also einen der wenigen direkten Zugangsmöglichkeiten zu Beschäftigungen ohne Qualifikationsanforderungen.

Diese Vermittlung ist für den Zeitraum von einem bis zu drei Jahren möglich. Die Befristung ist tatsächlich bedeutungslos, weil nach einem Jahr Beschäftigung ein Anspruch auf die Arbeitsberechtigung-EU besteht, so dass die Tätigkeit dann ohne Beteiligung der ZAV unbegrenzt fortgesetzt werden kann.

Haushaltshilfen werden nur zugelassen, wenn eine pflegebedürftige Person dem Beschäftigungshaushalt angehört. Bis Dezember 2009 konnten ausschließlich Verträge über Haushaltstätigkeiten geschlossen werden, auch wenn es sich dabei faktisch um pflegerische Tätigkeiten handelte. Mit der Neufassung des § 21 Beschäftigungsverordnung (BeschV)[7] im Dezember 2009 wurde die bisher verschämte Ausrichtung auf die Entlastung der häuslichen Pflege aufgegeben und der Tätigkeitsbereich auf ‚pflegerische Alltagshilfen' ausgedehnt. Dies erläutert die Bundesagentur so:

---

6 Verordnung über die Zulassung von neueinreisenden Ausländern zur Ausübung einer Beschäftigung (Beschäftigungsverordnung – BeschV) vom 22.11.2004 (BGBl I S. 2937), zuletzt geändert durch Art. 1 der Verordnung vom 19.12.2008 (BGBl I S. 2972).
7 Dritte Verordnung zur Änderung der Beschäftigungsverordnung (3. BeschVÄndV) vom 18.12.2009 (BGBl. I S. 3937), Geltung ab 24.12.2009.

"Sie übernehmen hauswirtschaftliche Arbeiten sowie notwendige pflegerische Alltagshilfen. Dazu gehören einfache Hilfestellungen bei der Körperpflege, der Ernährung, der Ausscheidung und der Mobilität. Den Pflegebedürftigen wird dadurch ermöglicht weiter in ihrer gewohnten Umgebung zu leben". (Bundesagentur für Arbeit 2010)

Mit dieser Änderung der BeschV wird in das geschützten Berufsbilds der Altenpflege mit festgelegten Qualitätsanforderungen eingegriffen und die ungelernte Pflege von Migrantinnen in Privathaushalten offiziell legalisiert.

Je nach Bundesland beträgt das Bruttogehalt für über die ZAV vermittelte Haushaltshilfen zwischen 1.099 und 1.353 Euro monatlich (Bundesagentur für Arbeit 2009a). Vom Nettoeinkommen werden für Kost und Logis max. 388,40 Euro (§ 2 SvEV[8]) abgezogen. Die Arbeitszeit beträgt 38,5 Stunden, die Haushaltshilfe ist sozialversichert. Zur Finanzierung kann auch das Pflegegeld eingesetzt werden, soweit ein entsprechender Anspruch besteht (es beträgt von Pflegestufe I bis III 225, 430 bzw. 685 Euro monatlich für 2010, § 37 Abs. 1 SGB XI). Die Zahl der nach § 21 BeschV erteilten Genehmigungen stieg von 1.667 im Jahr 2005 auf 3.051 im Jahr 2008 (vgl. BMI/BAMF 2008: 99f.). Die Regelung wird trotz des deutlichen Anstiegs weiterhin nur von einem geringen Teil der Haushalte genutzt.

Selbstständige Tätigkeit

Haushaltsnahe Dienstleistungen als Selbstständige anzubieten, erscheint besonders einfach, weil diese Tätigkeit an keinerlei besondere Genehmigung gebunden ist, die mit der Staatsangehörigkeit im Zusammenhang steht; es besteht volle Freizügigkeit für alle Unionsbürgerinnen. Selbstständigkeit liegt aber nur vor, wenn es sich *nicht* um ‚eine Tätigkeit nach Weisungen und eine Eingliederung in die Arbeitsorganisation des Weisungsgebers' (§ 7 Abs. 1 SGB IV) handelt. Rechtlich einwandfrei lassen sich einzelne haushaltsnahe Dienstleistungen in dieser Weise konstruieren. Es kommt darauf an, dass die Arbeitszeit nicht zur Disposition des Auftraggebers gestellt wird, sondern ein Vertrag über eine genau bezeichnete Leistung geschlossen wird, die dann in eigener Verantwortung und mit eigenen Arbeitsmitteln erbracht wird. Auch darf die Tätigkeit nicht ausschließlich oder ganz überwiegend an einen Arbeitgeber gebunden sein. Hierzu müssen aber

---

8 Verordnung über die sozialversicherungsrechtliche Beurteilung von Zuwendungen des Arbeitgebers als Arbeitsentgelt (Sozialversicherungsentgeltverordnung – SvEV) vom 21.12.2006 (BGBl. I S. 3385), zuletzt geändert durch die Verordnung vom 19.10.2009 (BGBl. I S. 3667).

nicht von Anfang an Tätigkeiten für mehrere Arbeitgeber nachgewiesen werden, es genügt, wenn haushaltsnahe Dienstleistungen öffentlich, z.b. durch Wurfsendungen oder im Internet für eine Vielzahl von Auftraggebern angeboten werden. Angesichts dieser Anforderungen an die Selbstständigkeit kann eine 24-Stunden-Betreuung *keine* selbstständige Tätigkeit sein.[9] Der Einsatz von ‚selbstständigen' Pflegekräften birgt für die Arbeitgeberhaushalte das Risiko hoher Nachzahlungen in die Sozialversicherung.

Tätigkeit im Rahmen der aktiven Dienstleistungsfreiheit in der EU

Die Dienstleistungsfreiheit (Art. 56 ff. AEUV) gestattet es jedem Unternehmen mit Sitz in der EU, seine Arbeitnehmer in einen anderen Mitgliedstaat zu entsenden um dort vorübergehend Dienstleistungen zu erbringen. Das kann auch für Ein-Frau/Mann-Unternehmen gelten, die sich selbst entsenden.

Die Entsendung stellt derzeit in Deutschland das bevorzugte Modell für die 24-Stunden-Betreuungen dar. Die Einstellung läuft häufig über zwei Organisationen, einerseits die Vermittlungsagentur in Deutschland, an die vom Pflegehaushalt eine einmalige Pauschale (ca. 400 bis 500 Euro) bezahlt wird, und andererseits das Unternehmen im Herkunftsstaat, an welches die monatlichen Zahlungen – zumindest offiziell – abgeführt werden. Diese betragen zwischen 1.200 Euro und 2.000 Euro monatlich je nach Betreuungsumfang, Sprachkenntnissen und Qualifikation der Beschäftigten. Das Unternehmen zahlt die Sozialversicherungsabgaben nach den rechtlichen Vorgaben des Herkunftslandes in die dortigen Sicherungssysteme ein, das Bruttoeinkommen errechnet sich meist aus den Zahlungen der Haushalte abzüglich 20 Prozent, den Frauen bleiben netto ca. 800 bis 900 Euro, Kost und Logis sind zusätzlich bereitzustellen. Im Ergebnis erhalten die Beschäftigten einen besseren Lohn als bei einer offiziellen Vermittlung über die ZAV.

Die in Deutschland tätigen Agenturen werben damit, dass mit dieser Konstruktion eine völlig legale 24-Stunden-Betreuung gesichert werden könne. Dies ist aber zu relativieren. Richtig ist, dass die Entsendung von Arbeitnehmern in diesem Bereich zulässig ist und unter dem Schutz der europäischen Dienstleistungsfreiheit steht. Es muss sich allerdings um eine vorübergehende Tätigkeit handeln. Meist wechseln sich zwei oder drei Frauen in einem Rhythmus von drei bis sechs Monaten ab. Fraglich ist, ob dadurch auch die Tätigkeit – personenunab-

---

9 Vgl. AG München v. 10.11.2008, Az. 1115 OWi 298 Js 43552/07, im Internet abrufbar unter http://www.justiz.bayern.de/gericht/ag/m/presse/archiv/2009/01755/index.php (Zugriff am 12.03.2010).

hängig betrachtet – zu einer vorübergehenden wird. Weiter dürfen in Deutschland reglementierte Berufe (dazu gehört auch die Altenpflege) nur ausgeübt werden, wenn die vorgeschriebene Qualifikation vorliegt. Beschäftigte ohne abgeschlossene Pflegeausbildung dürfen daher nur Haushaltstätigkeiten verrichten. Allerdings hat die Bundesregierung durch die Einführung des Begriffs der ‚pflegerischen Alltagshilfen' (für die oben beschriebenen angeworbenen Haushaltshilfen) die Reglementierung der Altenpflege für den Bereich der haushaltsnahen Dienstleistungen teilweise aufgehoben und damit auch die Pflegetätigkeiten entsandter Arbeitnehmerinnen rechtlich abgesegnet.

Auch für entsandte Arbeitskräfte gelten die deutschen Arbeitszeit- und Arbeitsschutzregelungen. Nach dem Arbeitszeitgesetz (ArbZG)[10] darf die Arbeitszeit einschließlich der Bereitschaftszeit 48 Stunden wöchentlich nicht überschreiten (§ 7 Abs. 8 ArbZG). Strittig ist jedoch, ob das ArbZG anzuwenden ist, da ‚Arbeitnehmer, die in häuslicher Gemeinschaft mit den ihnen anvertrauten Personen zusammenleben und sie eigenverantwortlich erziehen, pflegen oder betreuen' (§ 18 Abs. 1 Nr. 3 ArbZG) von der Anwendung ausgenommen sind. Fraglich ist hier die ‚Eigenverantwortlichkeit', die nicht vorliegen dürfte, wenn Angehörige ständig im Haushalt anwesend sind und die Haushaltshilfen nach ihren Anweisungen handeln, wohl aber, wenn der gesamte Haushalt der Pflegebedürftigen allein geführt wird. Selbst ohne die Anwendung des ArbZG dürfte eine 24-Stunden-Betreuung ohne fest geregelte Ruhepausen und –zeiten gegen die ‚guten Sitten' im Sinne des § 242 BGB verstoßen. Da alle Beteiligten sich jedoch auf die rechtlich zulässige Grundkonstruktion der Entsendung verlassen können, unzulässige Gestaltungen der Arbeitsbedingungen dagegen hinter den geschlossenen Türen der Privathaushalte erfolgen, ergibt sich letztlich eine zur Abfederung des Pflegenotstands komfortable Legalität.

Tätigkeit als Au-pair

Die einzige legale Möglichkeit, drittstaatsangehörige Frauen in deutschen Haushalten zu beschäftigen, ist der Abschluss eines Au-pair-Vertrages für höchstens zwölf Monate (§ 20 BeschV). Die Erwartungen der Beteiligten sind oft sehr widersprüchlich. Legitimiert werden diese Arbeitsverhältnisse durch das Interesse junger Menschen an Auslandserfahrungen und dem Erwerb von Sprachkenntnissen. Die aufnehmenden Familien benötigen aber meist eine zuverlässige und oft auch umfangreiche Betreuung und Erziehung ihrer Kinder. Die Übergänge

---

10 Arbeitszeitgesetz (ArbZG) vom 06.06.1994 (BGBl. I S. 1170, 1171), zuletzt geändert durch Art. 7 des Gesetzes vom 15.07.2009 (BGBl. I S. 1939).

zur unerlaubten Arbeitsausbeutung sind auch hier oftmals fließend. Die jungen Frauen müssen unter 25 Jahre alt sein, die deutsche Sprache auf dem Niveau A 1 (Gemeinsamer Europäischer Referenzrahmen für Sprachen) beherrschen und dürfen nur einmal über diese Konstruktion in Deutschland tätig werden. Im Haushalt muss ein minderjähriges Kind leben, Deutsch soll die Muttersprache der Familie sein und die Familie darf nicht aus dem Herkunftsland der Au-pair stammen und nicht mit ihr verwandt sein. Die Au-pair hat Anspruch auf 260 Euro monatlich, Krankenversicherung und die Freistellung für einen Sprachkurs. Die Arbeitszeit ist auf 5 Stunden täglich begrenzt bei einem freien Tag wöchentlich.

Eine Au-pair Tätigkeit bleibt auch für Neu-Unionsbürgerinnen eine ‚klassische' Beschäftigungsform im Bereich der Kinderbetreuung; sie weist geringe bürokratische Hürden auf, weil lediglich eine Genehmigung durch die Arbeitsagentur einzuholen ist, bei der keine ernsthafte Arbeitsmarktprüfung erfolgt. Nach der neueren Rechtsprechung des Europäischen Gerichtshofs[11] erwirbt auch eine Au-pair den Status einer Arbeitnehmerin, der nach einem Jahr zu einem Anspruch auf die Arbeitsberechtigung-EU (freier Arbeitsmarktzugang) führt. In der Öffentlichkeit und bei den Betroffenen ist diese Möglichkeit des Zugangs zur vollen Arbeitnehmerfreizügigkeit kaum bekannt. Insgesamt ist die Beschäftigung als Au-pair stark rückläufig, da andere Konstruktionen höhere Einkommen ermöglichen.

Freizügigkeit und Schwarzarbeit

Die Nutzung der Freizügigkeit durch EU-Bürgerinnen zur Ausübung von Schwarzarbeit findet sich ganz überwiegend bei Reinigungskräften und Kinderbetreuerinnen, die stundenweise oft mehrere Haushalte bedienen. Bei stundenweiser Beschäftigung bestehen in Deutschland geringe Skrupel gegenüber gesetzeswidrigen Ausgestaltungen. Babysitting wird ebenso wie die Tätigkeit als Putzfrau allgemein als nicht anmelde- und versicherungspflichtig betrachtet. Geschätzt wird, dass nur ca. 5 Prozent aller haushaltsnahen Dienstleistungen regulär erbracht werden: 3.000 Beschäftigungsverhältnisse sind angemeldet, ca. 60.000 sollen es tatsächlich sein (Deutsche Rentenversicherung Knappschaft-Bahn-See 2009; 4ff.). Nur 20 Prozent der Bevölkerung haben ein schlechtes Gewissen, wenn sie jemanden als Reinigungskraft unangemeldet beschäftigen (a.a.O.).

Neu-Unionsbürgerinnen, die auf diese Weise arbeiten, leben meist in weitgehend geregelten Verhältnissen. Die Freizügigkeitsbescheinigung wird ihnen ohne

---

11 Urteil v. 24.01.2008, Rs. C 294/06 – Payir.

Nachweis der tatsächlichen Einkommensverhältnisse ausgestellt (VwV FreizügG/ EU[12] 4.1.2.2). Der empfindliche Punkt dieser Konstruktion ist der Krankenversicherungsschutz. Zum Teil wird er über das Herkunftsland abgedeckt; mit einer Europäischen Krankenversicherungskarte können medizinische Leistungen in gleichem Umfang in Anspruch genommen werden wie mit einer deutschen Versicherungskarte. Der Weg in die deutsche gesetzliche Krankenversicherung ist dagegen durch § 5 Abs. 12 SGB V versperrt. Leistungen der Grundsicherungsträger sind nach § 7 Abs. 1 S. 2 Nr. 2 SGB II für Arbeitsuchende ausgeschlossen.[13] So bleibt nur eine private Krankenversicherung.

Auch in der 24-Stunden-Betreuung finden sich schwarz arbeitende Unionsbürgerinnen. Die objektiven Gefahren einer Entdeckung sind auch hier gering, da die Frauen aufenthaltsrechtlich kaum gefährdet sind. Gegenüber den legalen (oder halblegalen) Pflegeverhältnissen können nochmals Kosten eingespart werden; meist liegen sie bei unter 1.000 Euro.

In Deutschland und in vielen mittel- und nordeuropäischen Staaten werden allerdings für den sensiblen Bereich der Versorgung pflegebedürftiger Menschen zumindest halblegale Beschäftigungskonstruktionen bevorzugt. Insgesamt sind die Gestaltungsmöglichkeiten für haushaltsnahe Dienstleistungen von Neu-Unionsbürgerinnen so vielfältig, dass jeder Haushalt die für ihn passende Rechtsform finden kann.

4 Die Vorteile der Beschäftigungsverhältnisse an den Schattenrändern der europäischen Freizügigkeit

An alle Formen von ‚Care-work' werden hohe Ansprüche gestellt. Es sollen Frauen sein, weil ihnen bestimmte Eigenschaften zugeschrieben werden: Sie gelten als kommunikativ, emphatisch, sauber, sorgfältig, aufopferungsbereit. Migrantinnen werden weitere Vorzüge zugeschrieben, wie anspruchslos, willig und dankbar (Anderson 2007a, S. 250ff.; Matthews/Ruhs 2007, S. 12f.). Die Pendelmigration bietet zudem den Vorteil der umfassenden Verfügbarkeit, weil die Frauen während ihrer Anwesenheit im Beschäftigungshaushalt uneingeschränkt zur Verfügung stehen. Die Zeiträume sind begrenzt, und weil viele Frauen davon ausgehen, dass sie sich in einer biografischen Übergangssituation befinden,

---

12 Bundesministerium des Innern: Allgemeine Verwaltungsvorschrift zum Freizügigkeitsgesetz/EU v. 26.10.2009 (GMBl 2009, S. 1270), im Internet abrufbar unter http://vwvbund.juris.de/Teilliste_Bundesministerium_des_Innern.html (Zugriff am 12.03.2010).
13 Die Vereinbarkeit dieser Regelung mit EU-Recht ist umstritten, vgl. die Entscheidung des EuGH v. 04.06.2009, Rs. C-22/08 – Vatsouras.

sind sie leichter als andere bereit, schlechte Arbeitsbedingungen zu akzeptieren, selbst wenn diese deutlich unter dem lokalen Standard liegen (vgl. Preibisch/ Binford 2007, S. 38f.). Durch die kurzen Aufenthaltszeiten erfolgt keine Anpassung an die Lebensweise und Arbeitseinstellung der Einheimischen (vgl. Anderson 2007b, S. 18f.; Bloomekatz 2007, S. 1964 ff.). Es kommen weitere Faktoren hinzu, die für eine Beschäftigung der Frauen aus den MOE-Staaten sprechen. Hellhäutige Europäerinnen, deren religiöse Bindungen im Christentum liegen, vermitteln einen geringen Grad an Fremdheit. Auf Grund ihres hohen Bildungsniveaus werden sie der Mittelschicht zugeordnet, dies erhöht das Gefühl der Vertrautheit und führt zur Zuschreibung von Kompetenzen.

Vor allem die nord- und mitteleuropäischen Haushalte zeigen eine hohe Ambivalenz in der Frage von Legalität und Legitimität. Eine Gewöhnung an Menschen ohne Papiere und Integration in den Lebensalltag findet sich kaum (Frankreich ausgenommen). Dies ist leicht nachvollziehbar, weil bis zu Beginn der 1990er Jahre in diesen Staaten keine nennenswerte, im ökonomischen Sektor bedeutende Gruppe von Migranten ohne Papiere existierte. Zugleich rückte die Gesetzgebung die Papierlosen von Anfang an in die Nähe der Schwerkriminalität, die mit Schleusertum und Organisierter Kriminalität in Verbindung gebracht wurde (§§ 95, 96 AufenthG). Auch dies trug zu erheblichen Berührungsängsten der privaten Arbeitgeber gegenüber aufenthaltsrechtlich illegalen Migrantinnen bei.

Ganz anders ist die Einstellung zur Schwarzarbeit; teils fehlt es bis heute an Kenntnissen und am Bewusstsein, um die unangemeldete bezahlte Haushaltsarbeit als unerlaubte Schwarzarbeit einzuordnen. In jedem Fall gilt die Konstruktion als legitim, weil traditionell, unbürokratisch und den Interessen aller entsprechend. Für den Bereich der 24-Stunden-Pflege und -Betreuung besteht dagegen bei vielen Beschäftigungshaushalten ein stärkerer Wunsch nach der Möglichkeit einer rechtskonformen Absicherung des Beschäftigungsverhältnisses. Frauen aus den MOE-Staaten bieten in dieser Ambivalenz auf jeden Fall eines: Sie sind nicht illegal im Land und können sich als Unionsbürger jederzeit frei in der Öffentlichkeit bewegen, ihren Wohnsitz oder ein Auto anmelden, alle Versorgungsverträge eingehen, ein Konto eröffnen, und oft sind sie sogar mit einer Europäischen Krankenversicherungskarte ausgestattet. Wenn den Haushalten dazu noch eine ‚irgendwie' legale Rechtskonstruktion für das Beschäftigungsverhältnis angeboten wird, lässt sich die Delegation der Haushalts-, vor allem aber auch der Pflege-Arbeit in Einklang mit Emanzipations- und Gleichheitsvorstellungen bringen und als ‚Win-win-Situation' für alle Beteiligten legitimieren. Die ungleichen Arbeitseinkommen rechtfertigen sich in Hinblick auf die niedrigeren Lebenshaltungskosten der zurückgebliebenen Familien im Herkunftsland und erlauben es den Beschäftigungshaushalten darüber hinaus, sich als Wohltäterinnen (vgl. Anderson 2007a, S. 255) und Entwicklungshelferinnen zu fühlen. Es besteht eine starke Einbindung in die Familienstrukturen und die Haushaltsarbeiterinnen werden moralisch in die interfamiliären Verantwortungsstrukturen einbezogen (vgl. Gendera/Haidinger 2007).

Die verschiedenen formal legalen Beschäftigungskonstruktionen unterscheiden sich in ihrer Ausgestaltung kaum von der irregulären Beschäftigung. Das Risiko der ausbeuterischen Gestaltung des Beschäftigungsverhältnisses im Privathaushalt ist vorprogrammiert. Effektive Kontrollen der Arbeitsbedingungen, insbesondere die Einhaltung der gesetzlich oder vertraglich festgelegten Arbeitszeiten, sind kaum durchführbar. In Deutschland existiert bislang keine gewerkschaftliche Vertretung für diesen Arbeitsmarktsektor.[14] Angesichts der vollständigen Isolation, in der Migrantinnen in Haushalten arbeiten, kann die Durchsetzung von Mindeststandards bei den Arbeitsbedingungen nur durch eine gemeinsame Interessenvertretung gelingen.

Viele Beschäftigungsverhältnisse dürften als ausbeuterisch zu qualifizieren sein. Tritt die Ausnutzung einer Zwangslage oder der Hilflosigkeit hinzu, die mit dem Aufenthalt in einem fremden Land verbunden ist, so wird der Straftatbestand des Menschenhandels zur Ausbeutung der Arbeitskraft (§ 233 StGB) erfüllt. Da der Tatbestand des Menschenhandels noch bis 2005 lediglich die Zwangsprostitution und vergleichbare Delikte erfasste, bleibt der Bereich der Arbeitsausbeutung bis heute weitgehend ausgeblendet. Gerade bei den haushaltsnahen Dienstleistungen liegt jedoch ein Schwerpunktbereich dieser Kriminalität, weil zu der wirtschaftlichen Abhängigkeit auch die persönliche hinzutritt, die den Tätern eine ständige Disposition über das Opfer ermöglicht (vgl. Eisele 2006, § 233 Rn. 9).

Tatsächlich bereitet bei Tätigkeiten mit einer Verfügbarkeit rund um die Uhr die Bewertung des auffälligen Missverhältnisses zu ‚normalen' Arbeitsbedingungen Schwierigkeiten, kommt es doch immer auf den Vergleich an. Wird bezahlte häusliche Betreuung nur noch von Migrantinnen in prekären Lebenslagen übernommen, dann brauchen die Arbeitsbedingungen keinem Vergleich mit Arbeitsverhältnissen außerhalb dieses Sektors mehr standzuhalten und können als Sonderarbeitsmarkt behandelt werden, für den 24-Stunden-Betreuung bei einem Einkommen von unter 1.000 Euro als normal gilt.

---

14 Seit 2009 besteht eine Initiative der Gewerkschaft v.erdi in Berlin. Zudem gibt es in Hamburg eine „Gewerkschaftliche Anlaufstelle für Menschen ohne gesicherten Aufenthalt", vgl. https://besondere-dienste-hamburg.verdi.de/themen/migrar (Zugriff am 16.03.2010).

5 Sozialpolitische Maßnahmen zur Deckung des Bedarfs an personalen Dienstleistungen

In EU-Staaten, in denen erhebliche öffentliche Gelder für den Bereich der Betreuung und Pflege eingesetzt werden, finden sich zunehmend sozialpolitische Maßnahmen zur Stärkung der häuslichen Pflege mit dem Ziel der Entlastung der institutionellen Pflege. In Deutschland werden 50 Prozent der Ausgaben der Pflegeversicherung für die vollstationäre Pflege aufgewendet, obwohl hier nur ein Drittel der Pflegebedürftigen versorgt wird (vgl. Neuhaus u.a. 2009, S. 4). Mit dem Pflegezeitgesetz[15] wird die Entlastung der institutionellen Pflege zum offiziellen Gesetzgebungsziel. Die amtliche Begründung stellt darauf ab, dass dem Wunsch vieler pflegebedürftiger Menschen entsprochen werden soll, durch vertraute Angehörige in gewohnter Umgebung gepflegt zu werden.[16] Mit häuslicher Umgebung sind dabei auch die unterschiedlichsten Wohnformen gemeint, die nicht als stationäre Wohnformen zu qualifizieren sind. Durch einen Rechtsanspruch von Arbeitnehmer/innen auf teilweise oder vollständige unbezahlte Arbeitsfreistellung zum Zweck der Pflege soll die Vereinbarkeit von Berufstätigkeit und häuslicher Pflege verbessert werden. Mit dieser kostenneutralen Regelung können zwar bestimmte Engpässe abgefedert werden, eine häusliche Versorgung, insbesondere von demenzkranken Personen, bei gleichzeitiger Berufstätigkeit der Angehörigen wird aber nicht ermöglicht. Das Leistungssystem der Pflegeversicherung ist weiterhin so gestaffelt, dass bei jedem gewählten Pflegemodell erhebliche Zuzahlungen der Pflegebedürftigen und ihrer Angehörigen erforderlich werden. Die sehr moderate Erhöhung des Pflegegeldes verändert die derzeitige Vergleichskalkulation pflegender Angehöriger kaum: Die finanzielle Belastung der pflegebedürftigen Betroffenen und der Angehörigen durch die Bezahlung von Haushaltsbeschäftigten liegt nur dann unterhalb der finanziellen Belastung bei stationärer Pflege, wenn die derzeit an Migrantinnen gezahlten Hungerlöhne beibehalten werden.

Sehr viel deutlicher wirkt sich die einkommensteuerrechtliche Änderung des § 35a EStG[17] aus, nach der Aufwendungen für Haushalts- und Pflegetätigkeit seit 2009 in Höhe von 20 Prozent von der Einkommensteuer abgezogen werden können. Voraussetzung ist stets ein Beschäftigungsverhältnis (dies liegt jedoch bei entsandten Arbeitskräften aus einem anderen EU-Mitgliedstaat nicht vor, da

---
15 Gesetz über die Pflegezeit (Pflegezeitgesetz – PflegeZG) v. 28.5.2008 (BGBl. I S. 874, 896), in Kraft seit dem 01.07.2008.
16 Vgl. BT-Drs. 16/7439, S. 90.
17 Gesetz zur Förderung von Familien und haushaltsnahen Dienstleistungen (Familienleistungsgesetz) vom 22.12.2008 (BGBl. I S. 2955) m.W.v. 01.01.2009.

Arbeitgeber das entsendende Unternehmen ist). Bei geringfügiger Beschäftigung liegt die Grenze der berücksichtigungsfähigen Ausgaben bei 2.550 Euro im Jahr (bis zu 510 Euro Steuerersparnis), bei sozialversicherungspflichtigen Tätigkeiten bei 20.000 Euro (bis zu 4.000 Euro Steuerersparnis). Die Attraktivität der Beschäftigung einer Haushaltshilfe aus den MOE-Staaten über die ZAV steigt dadurch deutlich an, wie das folgende Rechenbeispiel verdeutlicht:

Kosten für eine Haushaltshilfe
(Vollzeittätigkeit* in Hessen, Unterkunft im Haushalt des Arbeitgebers)

Aufwendungen	
Tariflohn	1.261 Euro
zuzügl. Arbeitgeberanteil zur Sozialversicherung	+ ca. 270 Euro
Kosten	= 1.531 Euro
abzügl. Steuerersparnis	- 330 Euro
effektive Kosten	= 1.201 Euro
effektive Kosten abzüglich Kost und Logis (388 Euro)	= 813 Euro
Einkommen der Haushaltshilfe	
Nettolohn	939 Euro
abzügl. Kost und Logis	- 388 Euro
Auszahlungsbetrag	= 551 Euro

* 38,5 Stunden-Woche (eine Kontrolle der Einhaltung der Arbeitszeitbestimmungen gibt es faktisch aber nicht).

Unter Berücksichtigung des Pflegegeldes (zwischen 225 Euro und 685 Euro), das die pflegebedürftige Person erhält und das für die Beschäftigung einer privaten Haushaltshilfe verwendet werden kann, verringern sich die effektiven Kosten für den Arbeitgeber-Haushalt auf 128 Euro (Abzug des Pflegegeldes bei Pflegestufe III), 383 Euro (bei Pflegestufe II) bzw. 588 Euro (bei Pflegestufe I) zuzüglich der Gewährung von Kost und Logis.

6 Pflegepolitik in Europa

Ein Blick auf die Sozialpolitik anderer EU-Staaten zeigt, dass die Tendenz zur Verlagerung der Pflege in die privaten Haushalte einer gesamteuropäischen Entwicklung entspricht.

In der sozialpolitischen Ausgestaltung des Pflegebereichs weist Österreich die größten Ähnlichkeiten mit Deutschland auf. Österreich verfügt über ein Bundespflegegeldgesetz, das dem deutschen Pflegegeld in seinen Grundzügen durchaus vergleichbar ist, jedoch ausschließlich aus Steuermitteln finanziert wird. 2007 wurde die sozialpolitisch bedeutende zusätzliche Förderung für eine 24-Stunden-Betreuung eingeführt. Die zusätzliche Förderung zum Pflegegeld kann pro Betreuungskraft, die mindestens über eine Helferausbildung verfügt, bis zu 550 Euro betragen, wobei bis zu zwei Betreuungskräfte bezuschusst werden können. Zusammen mit dem Pflegegeld erhält ein Haushalt bei Pflegestufe 3 (entspricht Stufe 1 bis 2 nach deutschem Recht) mit einer Betreuungsperson knapp 1.000 Euro. Die zusätzliche Förderung ist zwar einkommensabhängig, Einkommen bis zu 2.500 Euro bleiben dabei jedoch unberücksichtigt (vgl. die entsprechende Richtlinie in BMASK 2008, 3.1) Die einzelnen Bundesländer haben Mindestlohngesetze für die Haushaltsarbeit verabschiedet. Zusätzlich zu der Öffnung des Haushaltsarbeitsmarkts für Neu-Unionsbürgerinnen bei Pflegebedürftigkeit zum Ende 2006[18] lässt Österreich auch Pflegekräfte und Haushaltshilfen aus Drittstaaten im Rahmen der Kontingente nach § 5 AuslBG[19] zu. Weil in Österreich die Sorge offensichtlich groß ist, dass die Haushaltsarbeiterinnen aus MOE-Staaten ihre Arbeitsplätze in Privathaushalten verlassen werden, sobald ihnen 2011 der Arbeitsmarkt vollständig geöffnet wird, soll damit möglicherweise den Folgen einer solchen Entwicklung bereits jetzt vorgebeugt werden.

Auch Italien setzt auf Geldzahlungen, die lediglich nachrangig gegenüber eigenem Einkommen und Unterstützung durch Angehörige bis zum 2. Grad gezahlt werden. Die Verwendung wird nicht überprüft, so dass auch hier eine staatliche Kontrolle der Pflegeverträge entfällt (vgl. Gori/Da Roit 2007, S. 72). Mit dem Gesetz Bossi-Fini[20] wurde die Zuwanderung von ausgebildeten Kranken- und Pflegekräften aus der Quotenregelung herausgenommen und unbegrenzt zugelassen. Mit dem Gesetz 276/03, dem sogenannten ‚Legge Biagi‘, wurde das

---

18 Durch eine entsprechende Änderung der Ausländerbeschäftigungsverordnung (BGBl. II Nr. 405/2006).
19 Bundesgesetz vom 20.03.1975, mit dem die Beschäftigung von Ausländern geregelt wird (Ausländerbeschäftigungsgesetz – AuslBG) (BGBl. Nr. 218/1975).
20 Legge n°189 vom 30.07.2002, „Modifica alla normativa in materia di immigrazione e di asilo", Gazzetta Ufficiale n. 199 v. 26.08.2002, im Internet abrufbar unter http://www.camera.it/parlam/leggi/02189l.htm (Zugriff am 17.03.2010).

gesamte Arbeitsrecht deutlich liberalisiert und das System der Leiharbeit gefördert. Über die Kooperativen werden ausländische Arbeitnehmerinnen sowohl aus Neu-EU-Staaten als auch aus Drittstaaten auf privater Basis direkt angeworben und zeitlich befristet eingestellt. Hinzu kommt eine gesonderte Quote für Haushaltsarbeiterinnen (für das Jahr 2008 150.000 Personen nach dem Decreto Flussi 2008[21]). Auch existieren in Italien gesonderte Tarifverträge für Haushaltsbeschäftigte. Ihre Zahl wird mit 600.000 Personen angegeben, allerdings ist wohl nur ein Teil der tatsächlichen Haushaltshilfen registriert (vgl. Associazione Nazionale dei Datori di Lavoro Domestico 2010). Die Maßnahmen zielen übereinstimmend auf die Legalisierung der Haushaltsarbeit durch Migrantinnen und die Finanzierbarkeit für die privaten Haushalte. Der institutionelle Sektor wird entlastet und Gesundheits- und Pflegeleistungen werden stärker privatisiert.

In den skandinavischen Staaten (Dänemark, Finnland, Schweden) ist die Pflege Teil des allgemeinen kommunalen Gesundheits- und Sozialdienstes; sie wird aus Steuermitteln finanziert und kann kostenfrei in Anspruch genommen werden. Auch hier werden mit verschiedenen Maßnahmen die traditionell umfassenden staatlichen Dienstleistungen eingeschränkt zugunsten freier Anbieter und einer privaten Organisation der Versorgung. So wurde etwa in Schweden die Leistung für Personen abgeschafft, die lediglich hauswirtschaftliche Hilfen benötigen (vgl. Theobald 2008, S. 266).

Die Europäische Kommission kommt in ihrem Bericht zum Sozialschutz und zur sozialen Eingliederung vom 30. Januar 2008 (vgl. Europäische Kommission 2008b) zu dem Schluss, dass es bislang in keinem EU-Staat gelungen ist, das Problem der Betreuung und Pflege älterer Menschen zufriedenstellend zu lösen. Betont wird der Konsens aller EU-Staaten für einen Vorrang der häuslichen vor der institutionellen Pflege. Eine deutliche Herausforderung läge bei der Gewinnung, Ausbildung und Weiterbildung des Betreuungs- und Pflegepersonals. Als Maßnahmen werden u.a. die Erhöhung der Einkommen, eine Verbesserung der Ausbildung und Arbeitsbedingungen und die Einbindung der informellen Pflegekräfte in die sozialen Sicherungssysteme vorgeschlagen. Aus diesem Bericht leitet der Europäische Rat die Empfehlung ab, die weitere Reduzierung der institutionellen Pflege aus Mitteln des Strukturfonds zu fördern (Joint Report on Social Protection and Social Inclusion 2008, dem Europaparlament vorgelegt am 4.3.2008 – 7274/08, 2.5). Die Situation der überwiegend weiblichen Langzeit-

---

21 Decreto del Presidente del Consiglio dei Ministri vom 3.12.2008, „Programmazione transitoria dei flussi di ingresso dei lavoratori extracomunitari non stagionali, nel territorio dello Stato, per l'anno 2008", im Internet abrufbar unter http://www.dplmodena.it/DPCM_FLUSSI_2008.PDF (Zugriff am 17.03.2010).

pflegekräfte soll verbessert werden. Die vorgeschlagenen Maßnahmen zugunsten der Beschäftigten bleiben jedoch vage.

7 Ausblick

Auch in Deutschland werden zum 1. Mai 2011 für die meisten Neu-Unionsbürgerinnen alle Arbeitsmarktrestriktionen entfallen.[22] Doch auch bisher wurden bereits Vertragskonstruktionen gefunden, die sich stärker an den finanziellen Erwägungen, der verfügbaren Infrastruktur und den Pendelentfernungen orientierten als an der Rechtmäßigkeit des Zugangs zum Arbeitsmarkt. Der freie Arbeitsmarktzugang für Bürgerinnen aus den MOE-Staaten wird daher weniger zur Zunahme der Wanderungsbewegungen führen als zu einer Verlagerung der Beschäftigung von den Privathaushalten in besser bezahlte Arbeitsmarktsegmente. Gerade weil viele der migrierenden Frauen aus MOE-Ländern über Qualifikationen verfügen, die europaweit gefragt und nach EU-Recht anzuerkennen sind, erweitern sich 2011 ihre Beschäftigungsoptionen.

So zeigen polnische Frauen durch ihre ausgeprägte Mobilität (Pendelmigration) heute bereits, dass sie ihre beruflichen Perspektiven langfristig nicht in Deutschland sehen (vgl. Metz-Göckel u.a. 2009). Für Beschäftigte aus den übrigen mitteleuropäischen EU-Staaten dürfte sich ein ähnlicher Trend ergeben. Mit steigendem Lebensstandard im Herkunftsland verändert sich die Kosten-Nutzen-Rechnung der Migration. Hinzu kommt, dass in aufstrebenden Volkswirtschaften die Chancen zu einer eigenen Unternehmerinnentätigkeit besonders günstig sind und die qualifizierten, flexiblen, weltläufigen Frauen mit besonders guten Voraussetzungen in ihrem Herkunftsland starten können, wenn sie ein gewisses Eigenkapital angespart haben.

Die Abwanderung der Migrantinnen aus den MOE-Ländern aus dem Sektor der haushaltsnahen Dienstleistungen wird sich möglicherweise durch die krisenbedingte Verlangsamung der Wirtschaftsentwicklung in allen EU-Staaten zeitlich hinausschieben. Letztlich werden sich die Unionsbürgerinnen aus den MOE-Staaten anderen Arbeitsmarktsektoren zuwenden und sich in Konkurrenz mit den westeuropäischen Frauen und Männern um qualifizierte Arbeit begeben. Der Bereich der haushaltsnahen Dienstleistungen wird dann an Frauen aus Russland, Asien und Afrika weitergegeben werden. Denkbar ist, dass – wie in ande-

---

22 Zurzeit bestehen Restriktionen für Neuunionsbürger nur noch in Deutschland und Österreich (nicht für Haushaltsarbeiterinnen), für Staatsangehörige Bulgariens und Rumäniens zusätzlich auch in Italien, Frankreich, Belgien, Luxemburg, den Niederlanden, Großbritannien, Irland und Malta.

ren EU-Staaten auch – für diese Arbeitskräfte aus Drittstaaten halblegale und erlaubte prekäre Zugangsmöglichkeiten geschaffen werden. Bereits die Dienstleistungsfreiheit eröffnet die Möglichkeit des Zugangs für Angehörige von Drittstaaten durch die Anstellung bei einem Unternehmen in einem anderen EU-Staat und die Entsendung nach Deutschland als Dienstleistungserbringerin. So werden Grenzen für drittstaatsangehörige Wanderarbeiterinnen auf dem Weg in die haushaltsnahen Dienstleistungen zukünftig durchlässiger werden. Der neu geschaffene Arbeitsmarktsektor in Privathaushalten wird auf Migrantinnen angewiesen bleiben. Durch die Arbeitsmarktrestriktionen im Zusammenhang mit der EU-Erweiterung und die dadurch bedingte temporäre Verweisung der Frauen aus den MOE-Staaten auf diesen Sektor konnte die Legitimität eines Sonderarbeitsmarktes etabliert werden und der Prozess der Reprivatisierung sozialer Aufgaben eingeleitet werden.

Literatur

Anderson, Bridget, 2007a: „A Very Private Business: Exploring the Demand for Migrant Domestic Workers, European Journal of Women's Studies 14/2007, S. 247–264.

Anderson, Bridget, 2007b: Battles in Time: the Relation Between Global and Labour Mobilities, Oxford 2007.

Associazione Nazionale dei Datori di Lavoro Domestico, http://www.colfdomina.it/ (Zugriff am 20.2.2010).

Baas, Timo/Brückner, Herbert/Hauptmann, Andreas, 2009: EU-Osterweiterung: Positive Effekte durch Arbeitsmigration, IAB-Kurzbericht 9/2009.

Beer, Ursula, 2008: „Sekundärpatriarchalismus: Patriarchat und Industriegesellschaften", in: Becker, Ruth/Kortendiek, Beate (Hg.): Handbuch Frauen und Geschlechterforschung, Wiesbaden 2008, S. 59–74.

Bloomekatz, Rachel, 2007: Comment. „Rethinking Immigration Status Discrimination and Exploitation in the Low-wage Workplace", UCLA Law Review 54(6)/2007, S. 1964-1978.

BAMF [Bundesamt für Migration und Flüchtlinge] (Hg.), 2008: Migrationsbericht des Bundesamtes für Migration und Flüchtlinge im Auftrag der Bundesregierung. Migrationsbericht 2008.

Bundesagentur für Arbeit, 2009a: Haushaltshilfen in Haushalte mit Pflegebedürftigen [Entgelttabelle], Stand: August 2009.

Bundesagentur für Arbeit, 2009b: Vermittlung von Haushaltshilfen in Haushalte mit Pflegebedürftigen. Durchführungsanweisungen, Stand August 2009.

Bundesagentur für Arbeit, 2010: Informationen zur Beschäftigung ausländischer Haushaltshilfen in Haushalten mit pflegebedürftigen Personen, Hinweise zum Vermittlungsverfahren und Formulare für die länderbezogenen Einstellungszusagen als Download zum Ausfüllen und Ausdrucken, im Internet abrufbar unter http://www.

arbeitsagentur.de/nn_27986/zentraler-Content/A04-Vermittlung/A042-Vermittlung/ Allgemein/Haushaltshilfen-AN.html (Zugriff am 12.03.2010)

BMASK [Bundesministerium für Arbeit, Soziales und Konsumentenschutz] 2008: Richtlinien zur Unterstützung der 24-Stunden-Betreuung (§ 21b des Bundespflegegeldgesetzes), im Internet abrufbar unter http://www.bundessozialamt.gv.at/cms/basb/attachments/7/5/4/CH0008/CMS1198828863126/foerderrichtlinien_24-stunden-betreuung_nov_2008.pdf (Zugang am 17.03.2010)

Deutsche Rentenversicherung Knappschaft-Bahn-See (Hg.), 2009: Haushaltsreport. Minijobs und Schwarzarbeit in Privathaushalten, Bochum 2009.

Eisele, Jörg, 2006: §§ 232–233b StGB, in: Schönke/Schröder: Strafgesetzbuch, Kommentar, 26. Auflage, München 2006.

Europäische Kommission, 2008a: Auswirkungen der Freizügigkeit der Arbeitnehmer im Kontext der EU-Erweiterung – KOM(2008) 765 final vom 18.11.2008.

Europäische Kommission, 2008b: Proposal for the Joint Report on Social Protection and Social Inclusion 2008 – COM(2008) 42 final vom 30.01.2008.

Europäische Kommission, 2009: Intergenerational Solidarity, Analytical Report, (Eurobarometer 269), 2009, im Internet abrufbar unter http://ec.europa.eu/public_opinion/flash/fl_269_en.pdf (Zugriff am 12.03.2010).

Frings, Dorothee, 2003: „Rechtspositionen und Regelungsdefizite für Migrantinnen im prekären Sektor des Arbeitsmarktes", in: Castro Varela, Maria do Mar/Clayton, Dimitria (Hg.): Migration, Gender, Arbeitsmarkt. Neue Beiträge zu Frauen und Globalisierung, Königstein 2003, S. 58–91.

Gendera, Sandra/Haidinger, Bettina, 2007: „,Ich kann in Österreich als Putzfrau arbeiten. Vielen Dank, ja.' Bedingungen der bezahlten Haushalts- und Pflegearbeit von Migrantinnen", Grundrisse 23 (2007), S. 28–40, im Internet abrufbar unter http://www.grundrisse.net/grundrisse23/sandra_gendera_und_bettina_haidi.htm (Zugriff am 12.03.2010).

Gori, Cristiano/Da Roit, Barbara, 2007: „The Commodification of Care – The Italian Way", in: Ungerson, Clare/Yeandle, Sue (Hg.): Cash for Care in Developed Welfare States, Basingstoke 2007, S. 60–80.

Han, Petrus, 2003: Frauen und Migration, Stuttgart 2003.

Herzog, Judith, 2003: Das Migrationspotenzial der EU-Osterweiterung und dessen Folgen für den deutschen Arbeitsmarkt, Tübingen 2003, im Internet abrufbar unter http://nbn-resolving.de/urn:nbn:de:bsz:21-opus-11218 (Zugriff am 12.03.2010)

Klammer, Ute: „Soziale Sicherung", in: Bothfeld, Silke/Klammer, Ute/Klenner, Christina/Leiber, Simone/Thiel, Anke/Ziegler, Astrid: WSI-FrauenDatenReport 2005, Berlin 2005, S. 307–382.

Krahmer, Utz, 2008: in: Münder, Johannes u.a.: Sozialgesetzbuch XII: Sozialhilfe. Lehr- und Praxiskommentar, 8. Aufl.; Baden-Baden 2008.

Laag, Ursula/Isfort, Michael/Weidner, Frank, 2008: „Neue Wege zur Entlastung pflegender Angehöriger", Die Schwester/Der Pfleger 8/2008, S. 739–741.

Matthews, Gareth/Ruhs, Martin, 2007: The Micro-foundations of Labour Shortages: Deconstructing Employer Demand of Migrant Labour in the UK's Hospitality Sector, Oxford 2007.)

Metz-Göckel, Sigrid/Kalwa, Dobronchna/Münst, Senganata, 2009: Migration als Ressource. Zur Pendelmigration polnischer Frauen in Privathaushalte der Bundesrepublik, Opladen 2009.

Neuhaus, Andrea/Isfort, Michael/Weidner, Frank, 2009: Situation und Bedarfe von Familien mit mittel- und osteuropäischen Haushaltshilfen (moH); Deutsches Institut für angewandte Pflegeforschung e.V., Köln 2009.

Preibisch, Kerry/Binford, Leigh, 2007: „Interrogating Racialized Global Labour Supply: An Exploration of the Racial/National Replacement of Foreign Agricultural Workers", The Canadian Review of Sociology and Anthropology 44(1)/2007, S. 5–36.

Ramirez-Machado, José Maria, 2003: Domestic Work, Conditions of Work and Employment: A Legal Perspective, Geneva 2003, im Internet abrufbar unter http://www.ilo.org/public/english/protection/condtrav/publ/7cwe.htm (Zugriff am 12.03.2010).

Rüling, Anneli, 2007: Jenseits der Traditionalisierungsfallen – Wie Eltern sich Familien- und Erwerbsarbeit teilen, Frankfurt a.M. 2007.

Sinn, Hans-Werner/Flaig, Gebhard/Werding, Martin/Munz, Sonja/Düll, Nicola/Hofmann, Herbert, 2010: EU-Erweiterung und Arbeitskräftemigration: Wege zu einer schrittweisen Annäherung der Arbeitsmärkte. Studie im Auftrag des Bundesministeriums für Arbeit und Sozialordnung, München 2000..

Spindler, Helga, 2009: „Wege, die Frauen aus der Armut führen – und solche, die sie nicht unbedingt aus der Armut führen", Streit 2009, S. 3–12.

Statistisches Bundesamt, 2008: Pflegestatistik 2007, Deutschlandergebnisse, Wiesbaden 2008.

Statistisches Bundesamt, 2010: Bevölkerung und Erwerbstätigkeit. Ausländische Bevölkerung. Ergebnisse des Ausländerzentralregisters 2009, Wiesbaden 2010, im Internet abrufbar unter www.destatis.de (Zugriff am 17.03.2010).

Straubhaar, Thomas, 2002: Migration im 21. Jahrhundert. Von der Bedrohung zur Rettung sozialer Marktwirtschaften? Tübingen 2002.

Theobald, Hildegard, 2008: „Care-Politiken, Care-Arbeitsmarkt und Ungleichheit: Schweden, Deutschland und Italien im Vergleich", Berliner Journal für Soziologie 2008, S. 257–281.

Zwischenmenschliche Interdependenz – Sich Sorgen als familiale, soziale und staatliche Aufgabe

Margrit Brückner

1 Einführung: die international geführte Debatte um Care

Die Debatte um Care begann in Westeuropa und den USA vor etwa 30 Jahren im Wesentlichen in drei Ländern und wurde sowohl von Wissenschaftlerinnen als auch Praktikerinnen in die Öffentlichkeit gebracht, um der zwischenmenschlichen Sorgetätigkeit und den damit zusammenhängenden Problemen einen gesellschaftlichen Platz zu verleihen (Brückner 2010):

- Engländerinnen, die kritisierten, dass in der Sozialpolitik unbezahlte, familiale Frauenarbeit im Bereich der Angehörigenpflege nicht als Arbeit gesehen wurde, wogegen sie erfolgreich bis zum europäischen Gerichtshof zogen und eine Transferleistung auch für pflegende Hausfrauen durchsetzten (z.B. Lewis/Meredith 1988),
- Skandinavierinnen, welche die sozialen Dienstleistungen im Bereich der Kinderversorgung als unzulänglich klassifizierten – ausgehend von der Überlastung erwerbstätiger Mütter und bessere Betreuung forderten (z.B. Leira 1992).
- Amerikanerinnen, die das sozialpolitische Verständnis von Abhängigkeit hinterfragten, am Beispiel so genannter „welfare mothers", die als Inbegriff der Nutznießerinnen von Wohlfahrtsleistungen gelten, obwohl sie selbst aktiv Care Aufgaben erfüllen, die als solche aber nicht anerkannt werden (Fraser 1994).

Weder die bisherigen Care Leistungen im privaten Raum, zumeist erbracht im Kontext von Familien, noch diejenigen des sozialen Wohlfahrtsstaates, seien es finanzielle Transferleistungen oder personenbezogene Dienstleistungen sind derzeit angesichts sich verändernder Anforderungen und Strukturen ausreichend gewährleistet. Die Frage, wer sorgt für wen und wie wird diese Tätigkeit bewertet, bedarf einer neuen gesellschaftlichen Klärung, damit eine auf einander abgestimmte Form privater und öffentlicher Sorge entstehen kann, die der Vielfalt der Lebensformen und dem Spannungsfeld von Fürsorge und Selbstständigkeit Rechnung trägt. Das heißt, die Aufgabenteilung im privaten Raum und die Aufgabenteilung zwischen privatem und öffentlichem Raum gewinnen angesichts gesellschaftlicher Entwicklungen und angesichts der unabweislichen Notwendigkeit zwischenmenschlicher Sorgetätigkeiten eine neue Brisanz (Fraser 2001).

Was Care überhaupt meint, zeigt sich in der Vielfalt semantischer Bedeutungen von Care: „caring about" meint die emotionale, „taking care of" die aktiv tätige Seite des Sorgens, „take care of yourself" steht für die Zusammengehörigkeit des Sorgens mit Selbstsorge (Chamberlayne, 1996). Die Care Debatte beschäftigt sich daher nicht nur mit besonderen Lebenslagen, sondern mit allgemeinen Bedingungen des Menschseins. Denn aus der Care Perspektive sind wir alle sorgebedürftig aufgrund der Tatsache menschlicher Bedürftigkeit, Verletzlichkeit und Endlichkeit, die beinhaltet, dass alle Menschen am Anfang, viele zwischenzeitlich und sehr viele am Ende ihres Lebens der Sorge bedürfen. Ebenso universell haben alle Menschen die grundsätzliche Fähigkeit zur Fürsorglichkeit und sind somit potentielle Sorgende:

> „(...) jede reale Gesellschaft ist eine Fürsorge-spendende und eine Fürsorgeempfangende Gesellschaft und muss daher Wege finden, um mit diesen Fakten menschlicher Bedürftigkeit und Abhängigkeit klarzukommen, Wege, die vereinbar sind mit der Selbstachtung der Fürsorgeempfänger und die den Fürsorgespender nicht ausbeuten" (Nussbaum 2003: 183).

Diese grundlegende zwischenmenschliche Interdependenz steht jedoch dem vorherrschenden Ideal der Autonomie entgegen und ist daher negativ besetzt (Nagl-Docekal 1994). Autonomie bedeutet historisch gesehen die – zunächst Männern vorbehaltene und heute noch für Frauen erschwerte Durchsetzung staatsbürgerlicher Rechte („citizenship", Marshall 1992 – politisch, civil, sozial) verbunden mit persönlicher Entfaltungsmöglichkeit. Das Soziale steht nach wie vor für Abhängigkeit, die es möglichst schnell zu überwinden gilt – in den letzten Jahren mit zunehmendem Druck – und insbesondere die Schwachen trifft. Diese Zuschreibungen treffen auch die in diesem Bereich Tätigen und nicht zufällig erinnern sie an die Zuschreibungen weiblich gleich schwach und männlich gleich stark und unabhängig; und sie treffen auch Männer die in diesem Bereich arbeiten.

Soziale Tätigkeiten – oder mit dem international genutzten Begriff Care – umfassen den gesamten Bereich der Fürsorge und Pflege, d.h. familialer und institutionalisierter Aufgaben der Gesundheitsversorgung, der Erziehung und der Betreuung im Lebenszyklus (Kinder, pflegebedürftige und alte Menschen) sowie der personenbezogenen Hilfe in besonderen Lebenssituationen (von Arbeitslosigkeit über häusliche Gewalt bis zu Hilfen bei Wohnungslosigkeit oder angesichts depravierter Wohnbedingungen). Trotz dieses gewaltigen Aufgabengebietes werden Care Tätigkeiten

- gar nicht oder schlechter bezahlt als vergleichbare Tätigkeiten,
- auf der beruflichen Ebene wird weiterhin um gleichrangige professionelle Anerkennung gerungen,
- in familialen Zusammenhängen führen sie nicht zu individuellen Absicherungen von Lebensrisiken wie Erwerbstätigkeit.

Zudem ist der gesellschaftliche Bedarf an Care in beiden Bereichen – dem privaten und dem beruflichen – gewachsen angesichts

- steigender Erwerbstätigkeit von Frauen,
- des demografischen Wandels: weniger junge stehen einem höheren Anteil alter Menschen mit einer zunehmenden Zahl hochaltriger Menschen über 85 Jahren gegenüber,
- neuer Vielfalt privater Lebensformen: (patchwork) Familien, Singles, Zusammenleben in Partnerschaften, Beziehungen über Distanzen, Wohngemeinschaften etc.

Weiterhin wird dieser Bedarf an Sorgetätigkeiten unverändert überwiegend Frauen übertragen und von Frauen übernommen, was nicht unerheblich zur Stabilisierung bestehender Geschlechterordnungen beiträgt (Brückner 2009).

2 Gesellschaftliche Konstruktionen des Sorgens im öffentlichen und privaten Raum und Erfordernisse eines neuen transnationalen Welfare-Mix

2.1 Sozialstaatlicher Umgang mit Erwerbsarbeit und Sorgearbeit

Seit der Jahrtausendwende wird das traditionelle, geschlechtsspezifische Familienmodell des männlichen Familienernährers und der Hausfrau mit den entsprechenden familienbezogenen sozialen Sicherungen zunehmend ersetzt durch eine vorgeblich geschlechtsunspezifische Konstruktion allgemeiner Erwerbstätigkeit „adult worker family model", das von der selbstversorgenden Teilnahme aller Erwachsenen am Arbeitsmarkt ausgeht (Giullari/Lewis 2005). Dazu gehört die Annahme, dass familiale Sorgetätigkeit auch in einem geschlechtshierarchisierenden Modus nicht mehr zu berücksichtigen ist, weil diese Aufgaben zur Dienstleistung werden. Das macht nicht nur die zahlreichen, familial zu Versorgenden und familial Sorgenden unsichtbar, sondern geht davon aus, dass Care insgesamt als Dienstleistung denkbar sei und steht im Widerspruch zu Bedürfnissen – sowohl von zu Versorgenden als auch von Sorgenden – nach privater Fürsorglichkeit. Daher bedarf es eines „universal carer/worker – worker/carer model, which requires a commitment to provide time to care and affordable, accessible, high-quality services, as well as cash for care" (Giullari/Lewis 2005: 21). Diese im Kontext eines UN-Forschungsinstitutes 2005 entwickelte Vereinbarkeitsforderung von Erwerbsarbeit und Care für alle Menschen macht deutlich, wie weit reichend die Care Debatte ist, indem sie ein „gegenhegemoniales Demokratiekonzept" (Sauer 2006: 65) einschließt und Care im Kontext sozialer Bürgerrechte für Sorgende und Versorgte verankert.

Dennoch gibt es als Resultat der EU-Politik auch einen Trend zu verstärkter Vereinbarkeitspolitik von Erwerbstätigkeit und Betreuungsarbeit („employability") durch Förderung frühkindlicher Einrichtungen, verbesserte Freistellungen in der Erwerbsarbeit und vermehrte Ansätze eigenständiger Sozialer Sicherung familialer Betreuungsleistungen (Ausbau von Kinderbetreuung, Ausbau der Pflegeabsicherungen) (Gottschall/Pfau-Effinger 2002). Allerdings ist diese Art der Förderung von Care Tätigkeiten unter dem Gesichtspunkt der Gleichstellung der Geschlechter frauenpolitisch umstritten, denn sie festigt das derzeitige Geschlechterarrangement und ist zudem bei weitem nicht ausreichend, wie die Zunahme oft illegalisierter Sorgearbeit von Migrantinnen in Privathaushalten zeigt.

Zusammenfassend lässt sich sagen, dass der derzeitige Policy Mix im Bereich von Arbeitsmarkt, Wohlfahrt, Bildung und Familie keineswegs in sich konsistent ist, sondern gerade bezogen auf die darin jeweils enthaltenen Geschlechterpolitiken widersprüchlich bleibt, indem einerseits ein geschlechtersensibles Modell von Erwerbstätigkeit propagiert und durchgesetzt wird, andererseits unentgeltliche familiale Leistungen (zumeist) von Frauen bezogen auf Kindererziehung und Alten- und Behindertenpflege weiterhin vorausgesetzt werden (Larcher Klee 2006).

2.2 Unterschiedliche Entwicklungspfade

Die verschiedenen Wohlfahrtsregime Europäischer Staaten haben sich in den letzten zwei Jahrzehnten durch Abbau sozialstaatlicher Leistungen tendenziell auf einem niedrigeren Niveau angenähert (Ostner 2002), was sowohl im privaten als auch im öffentlichen Bereich zu einem „care deficit" geführt hat (Hochschild 1995).

Trotz dieser Angleichung lassen sich drei in Wohlfahrtsregimen existierende Entwicklungspfade – zumeist von Frauen erbrachter – personenbezogener sozialer Tätigkeiten unterscheiden:

- Dienstleistungsmodell: Als öffentliche Dienste organisierte, ausgebaute professionelle Sorgearbeit gekoppelt mit einer hohen Frauenbeschäftigung (vor allem in diesen Diensten) und niedrigen Frauenarbeitslosigkeit; Konsequenz ist eine vergleichsweise geringe soziale Differenzierung, um den Preis einer hohen Steuerquote und ausgeprägter Bürokratisierung, z.B. Schweden.
- Dienstbotenmodell: Anstieg marktförmiger Dienstleistungen im Niedriglohn-sektor mit starken sozialen Polarisierungen (bezogen auf Klasse, Ethnie und Geschlecht sowie innerhalb der Geschlechter) und eine ebenfalls hohe Frauenbeschäftigung und niedrige Frauenarbeitslosigkeit, bei geringem Ausbau sozialstaatlicher Einrichtungen, z.B. USA.
- Familienmixmodell: Zurückgebliebener Ausbau professioneller sozialer Dienstleistungen, mit einem relativ hohen Anteil familialisierter Sorgearbeit – sozialstaatlich qua Steuerpolitik und Transferzahlungen gestützt – als Teil einer geschlechterwirksamen Disemploymentstrategie (Elternzeit, Entgelt für Pflege), vergleichsweise niedrige Frauenbeschäftigung und vergleichsweise hohe Frauenarbeitslosigkeit und einem (mittleren) Maß an (oft geringfügiger) Niedriglohnarbeit im Sorgebereich, z.B. Deutschland und andere westliche Staaten Kontinentaleuropas.

Hier gilt es eine allgemeine politische und professionelle Debatte einzuleiten, die diese unterschiedlichen Pfade thematisiert und nach der gesellschaftlichen Verantwortung fragt.

2.3 Care bezogene transnationale Migrationsbewegungen

Diese unterschiedlichen Pfade sind angesichts neuer, weltweiter Migrationsbewegungen international zu denken: Insbesondere Frauen aus armen Ländern übernehmen vorübergehend oder langfristig weltweit Sorge- und Haushaltstätigkeiten in reichen Ländern, in Deutschland insbesondere Osteuropäerinnen (Lutz (Hg.) 2009). Die zumeist in Privathaushalten erbrachte Dienstleistung migrierender Frauen besteht neben Reinigungsarbeiten in Aufgaben der Kinder-, Alten- und Krankenbetreuung und sie fungieren als wichtige Gesprächspartnerinnen allein lebender alter Menschen (Odierna 2000). Die meisten der Frauen arbeiten ohne vertragliche Regelungen und soziale Absicherungen und sind in sehr persönlicher Weise an die jeweilige Arbeitgeberin gebunden (häufig Frauen). Ihre berufliche Ausbildung ist oft auf die Herkunftsländer bezogen überdurchschnittlich gut. Typische Gründe sind relative ökonomische Not und schwierige Familiensituationen (Rerrich 2006). Dennoch enthält diese Migration für die Frauen auch die Chance, der Armut zu entkommen und schwierigen Verhältnissen zu entfliehen (Metz-Göckel/Münst/Kalwa 2009).

Bisher wenig thematisiert wird die transnationale Wirkung dieser neuen Mobilität von Frauen, die dazu führt, dass Sorgekapazitäten „abgeschöpft" werden und einen ungleichen Zugang zu Fürsorglichkeit in reichen und armen Ländern bewirken und Länderübergreifende „care chains" produzieren (Hochschild 2001). Die Wahl des Migrationslandes hängt dabei oft von vorhandenen, ethnisch geprägten Netzwerken ab, so genannte „transnationale Räume" (Metz-Göckel/ Koch/Münst 2006: 55), die wichtige praktische Unterstützungen gewähren (Kontakte, Beförderungs-, Wohn- und Geldtransfermöglichkeiten). Dennoch bleibt die Lebenssituation, zumal unter Bedingungen der Illegalität zumeist prekär, insbesondere in Zeiten von Wohnungs- und Arbeitsverlusten und bei Erkrankungen. Die Arbeitsbedingungen selbst sind zumeist so, dass die Frauen sehr variabel sein müssen, sei es bezogen auf die Arbeitszeiten, wegen kurzfristiger Veränderungen des Arbeitspensums oder gar kurzfristiger Kündigungen. Von großer Bedeutung für die Zufriedenheit respektive Unzufriedenheit sind die Beziehungen zu den Arbeitgeberinnen und den zu Betreuenden (Rerrich 2006), die sich sehr unterschiedlich gestalten (zwischen angenehm, respektlos und ausbeutend).

Als Beispiel für Transmigration soll das „Familienprojekt" (Alt 2004) einer ukrainischen Familie vorgestellt werden: Aufgrund der prekären familialen Situation einer Dreigenerationenfamilie gingen zunächst die Brüder illegal im Ausland arbeiten, dann fand die Frau des jüngeren Bruders eine Stelle als Putzfrau in Polen, in einer Familie, in der die polnische Arbeitgeberin selbst eine illegale Altenpflegestelle in Deutschland innehatte. Die Frau des älteren Bruders arbeitete in einer Altenpflegestelle in Israel. Die Kinder wurden von Verwandten versorgt, die zwischenzeitlich zurückkehrten oder den Großeltern. Typisch für diese neue Lebensform zwischen verschiedenen Ländern ist die Kontinuität dieser Konstruktion der Lebenssicherung einer Familie über viele Jahre zwischen verschiedenen Ländern.

Als besondere – und in Deutschland häufige – Form der Migration gilt die „Pendelmigration" insbesondere polnischer Frauen im Bereich häuslicher Altenpflege (ermöglicht durch schnelle Verkehrswege und neue Kommunikationsformen), die mit einem oft ausgeklügelten, selbst organisierten System der Rotation zwischen mehreren (verwandten oder bekannten) Frauen verbunden ist (Metz-Göckel/Münst/Kalwa 2009). Seit 2005 gibt es zwar in Deutschland eine offizielle Zentralstelle für Arbeitsvermittlung für Haushaltshilfen aus den neuen EU-Ländern, aber das Verfahren hat sich bis heute wenig durchgesetzt, da es den meisten Arbeitgeberinnen und Arbeitnehmerinnen zu teuer und zu kompliziert ist, so dass von den geschätzten 100.000 Pflegekräften nur ein Bruchteil angemeldet wurde. Wie die Entwicklung weiter geht, wenn die Barrieren zwischen alten und neuen Beitrittsstaaten weiter fallen, bleibt zu beobachten (Brückner 2008).

Hochschild (2001) geht davon aus, dass cosmobiles Sorgen ein globales Muster der Entwurzelung von Gefühlen schafft, wenn Frauen in „transnationalen Familien" leben: Sie bleiben gefühlsmäßig Teil ihrer Familie im Herkunftsland (derentwegen sie häufig migriert sind) und geben nicht gelebte Gefühle an die zu versorgenden Menschen in dem Aufnahmeland weiter. So sagt eine in den USA als familiale Kinderbetreuerin tätige Philippin, ausgebildete Lehrerin und Mutter von 5 Kindern, denen sie regelmäßig Geld überweist:

> „Das einzige, was man tun kann, ist, dem Kind (dem zweijährigen amerikanischen Kind) all seine Liebe zu schenken. Als ich von meinen Kindern weg war, konnte ich mit meiner Situation am besten damit fertig werden, dass ich diesem Kind all meine Liebe schenkte" (Hochschild 2001: 157).

Damit entsteht eine Gefühlsumlenkung im Kontext cosmobiler Sorgetätigkeit, deren emotionaler Mehrwert aufgrund der Differenz zwischen Leistung und Lohn von dem Arbeitgeber, in diesem Fall der amerikanischen Familie abgeschöpft wird. Hochschild (2001) sieht diesen Transfer als einen Import von Mutterliebe, ebenso wie Bodenschätze aus sogenannten Entwicklungsländern importiert werden, aber mit vermutlich erheblich weiterreichenden Konsequenzen bezogen auf die Veränderung von Familienstrukturen und Geschlechterverhältnissen sowie Vorstellungen von Mütterlichkeit. Diese sich ausweitenden, länderübergreifenden „care chains" beruhen zum einen auf Ungleichheit fördernden ökonomischen und politischen Prozessen und zum anderen auf einer internationalen, hierarchisierten geschlechtlichen Arbeitsteilung.

3 Care bedarf einer inhaltlichen Auseinandersetzung mit Fürsorge und Pflege als beziehungs- und bedürfnisorientierter sozialer Praxis, deren Rahmung von zentraler Bedeutung ist

Der Blick auf Care als personenbezogene Tätigkeit zeigt historisch wechselnde kulturelle und ethische Vorstellungen, die zu unterschiedlichen Konstruktionen mehr oder weniger gut auf einander abgestimmter, beziehungsweise mit einander konkurrierender Bereiche familialer, freiwilliger und beruflicher Tätigkeit geführt hat (Maurer 2001). Historisch konstant in den letzten gut hundert Jahren ist dabei die weitgehend ungebrochene Zuordnung unmittelbarer Fürsorge- und Pflegetätigkeit zum weiblichen Geschlecht auf der Basis einer spannungsreichen Verquickung von zugeschriebenen Fähigkeiten („Mütterlichkeit") und zu erwerbenden Kenntnissen (Napiwotzky 1998, Rabe-Kleberg 1996). Eine neue geschlechterübergreifende Konstruktion von Sorgearbeit sollte nicht zu einer Entsorgung der wenig greifbaren, widerständigen Dimension von weiblich verstandener (konnotierter) professioneller Sorgetätigkeit führen wie Umsicht, Kreativität in der Kontaktaufnahme, Mitfühlen und Anteilnahme, fragloses Mittun, Zuspruch und Trost, Beistehen und Durchhalten, die im Zuge einer betriebswirtschaftlich ausgerichteten – männlich konnotierten – Durchstrukturierung des Sozialen nahe zu liegen scheint. Beide Strategien sind nicht notwendiger Weise an reale Geschlechtszugehörigkeit gebunden. Im Folgenden zur zwischenmenschlichen Beziehungsdimension von Care auch im beruflichen Kontext ein Beispiel – und im Verlauf des Textes weitere – aus unserer derzeit an der Fachhochschule Frankfurt laufenden Studie zum Thema „Wer sorgt für wen?" in der mit qualitativen Methoden individuelle Unterstützungsnetzwerke erhoben werden und die AkteurInnen, d.h. Sorgeempfangende und Sorgegebende zu Wort kommen. (Erhoben wurden mittels erzählgenerierender Leitfadeninterviews und teilnehmender Beobachtung 12 anonymisierte Netzwerke Erwachsener, an denen familiale, ehrenamtliche und professionelle Kräfte beteiligt sind aus den Bereichen Altenarbeit, Behindertenarbeit, Arbeit mit psychisch Kranken).

Eine Beschreibung von Care Tätigkeit einer Sozialarbeiterin und Pflegewirtin in einer ambulanten Einrichtung für Demenzerkrankte, in der das Moment der Achtsamkeit auf beeindruckende Weise deutlich wird:

> „Herr Altdorf ist ein Klient von mir, der auch an der Kunsttherapie für Menschen mit beginnender Demenz teilnimmt. Von meiner Seite aus ist es erstmal eine professionelle Beziehung, weil er mein Klient ist. Ich habe das Gefühl, dass es eine ganz vertrauensvolle Beziehung ist. Ein einprägsames Erlebnis war bei der Kunsttherapie, da gab es eine Sitzung, bei der er sich sehr unwohl gefühlt hat und da habe ich so richtig gemerkt, dass meine Anwesenheit ihm gut tut,

das war n ganz schönes Erlebnis. Ich habe mich neben ihn gesetzt, es war die erste Stunde, er wusste so gar nicht, was die Anforderungen sind und wirkte auf mich verloren. Dann habe ich mich da hingesetzt und habe, weil ich so ein Gespür hatte, einfach meine Hand in seine Richtung gelegt und seine Hand berührt und dann hat er gleich meine Hand gegriffen, so ganz fest und die festgehalten und eigentlich hätte ich mitgemalt, aber ich habe richtig gemerkt, dass sein Zittern weniger wurde, wenn meine Hand da war. Dass er immer wieder auf dieses Beziehungsangebot reagiert hat. Dass war für mich ein sehr intensives Erlebnis, diese Kunsttherapiestunde." (Netz A. cgp: 9-36)

Aufgrund menschlicher Care Bedürfnisse im Sinne des Umsorgtwerdens kommt einer dezidierten „Fürsorgerationalität" im Gegensatz zur vorherrschenden Zweck-Mittel-Rationalität nach Kari Waerness (2000) in Care Berufen und Care Tätigkeiten eine besondere Bedeutung zu. Eine solche – der Aufgabe angemessene – Rationalität ist zum einen auf Verständigung und Abstimmung von Bedürfnissen und Sichtweisen ausgerichtet und bedarf zum anderen zu deren Ausübung eines ausreichenden Spielraumes in der Gestaltung der Arbeitssituation durch die Akteure. Die derzeitige, einseitige Betonung einer Zweck-Mittel-Rationalität durch finanzielle, organisatorische, inhaltliche und zeitliche Straffung sozialer und pflegender Dienstleistungen im Zuge eines häufig ökonomistischen New Public Managements führt dazu, dass das Ungeplante, Unvorhersehbare und Überbordende menschlicher Bedürftigkeit und der Wunsch nach Kontinuität der Beziehung keinen Platz mehr hat, beziehungsweise der professionellen Sprachlosigkeit und damit der individuellen Bewältigung nach Gutdünken und Können anheim fällt (Overlander 1996).

Wie komplex und wenig greifbar Care aufgrund der Beziehungsebene auch für Professionelle ist, untersuchte als eine der ersten Wissenschaftlerinnen Celia Davies (1994) am Beispiel von Krankenschwestern, die unter der Sprachlosigkeit gegenüber dem eigenen Tun litten. Denn jenseits einer instrumentell verstandenen Handlungskompetenz gibt es in vielen Care Berufen keine anerkannte Form, welche die Beziehungs- und Gefühlsebene widerspiegelt, die so unterschiedliche Aspekte umfasst wie: aktiver Umgang mit eigenen und fremden Gefühlslagen, Situationsangemessene Wahrnehmungs- und Interpretationsfähigkeiten von Bedürfnissen und Kontaktaufnahme und Zeit braucht. Diese offizielle Sprachlosigkeit korrespondiert in den 1990er Jahren laut empirischer Untersuchungen mit einer häufig geäußerten Verlustangst von zwischenmenschlichen Fähigkeiten durch instrumentelles Training. Eine Angst, die sich mit der kulturellen Norm von Fürsorglichkeit als zwischenmenschliche Fähigkeit – und nicht als erlernbare und zu erlernende Aufgabe – deckt (d. h. bezogen auf Erzieherinnen: Rabe-Kleberg 1993, bezogen auf Sozialpädagoginnen: Rommelspacher 1992). Neue Untersuchungen zeigen, wie heute in Care Berufen eine zugewandte, beziehungsorientierte Haltung angesichts deren Einordnung in Markt- und Verwertungsprozesse immer mehr unter Druck gerät (Krankenpflege: Senghaas-Knobloch 2008, Altenpflege: Egger de Campo/Laube 2008).

Noch ein Beispiel aus unserer Untersuchung für die Bedeutung von Zeit und Gestaltungsmöglichkeit der vorher schon erwähnten professionellen Kraft in einer ambulanten Einrichtung für Demenzerkrankte:

> „Ich habe viele Arbeitsfelder ausprobiert und bin ganz froh, aus der direkten Versorgung mit all diesen Zwängen und finanziellen Erwägungen von Institutionen ausgestiegen zu sein. Um es konkret zu machen, ich habe in einem Altenheim gearbeitet, ich habe im Krankenhaus-Sozialdienst gearbeitet und hatte immer das Gefühl, im Altenheim habe ich versucht die Leute reinzukriegen und im Krankenhaus die Leute rauszukriegen. Da war immer unheimlicher Zeitdruck dabei, dass man sehr wenig Zeit hatte für die Einzelnen. Ich auch nicht so gut abschalten konnte. Hier habe ich das Gefühl, wo es wichtig ist, kann ich mir auch Zeit nehmen. Eine Frau aus dem Gesprächskreis für Demenzkranke ist letzte Woche gestürzt, kam ins Krankenhaus, im Krankenhaus haben sie nach einem Tag gesagt, jetzt muss sie ins Heim. Die lebte bis dahin alleine. Haben sie fixiert. Es war genauso, wie es nicht laufen soll. Dann ist sie am Dienstag ins Heim gekommen, ist dort gleich wieder weggelaufen, wieder gestürzt, kam wieder in ein anderes Krankenhaus. Mir einfach die Zeit nehmen zu können, das ich letzte Woche im Krankenhaus war und gestern im Pflegeheim und sie besuchen konnte. Weil es mir wichtig ist, weil sie mir wichtig ist. Weil ich für sie eine wichtige Beziehungsperson war. Diese Freiheit zu haben oder auch eigene Schwerpunkte setzen zu können, das finde ich ganz großartig." (Netz A. cgp: 737-773) Zudem unterstützte sie die überforderte Tochter der alten Dame in regelungsbedürftigen Fragen.

Das Verhältnis familialer und beruflicher Sorge ist für Professionelle im Bereich der Fürsorge und Pflege offenbar auch heute noch eine wichtige Frage und nicht ohne Wirkung auf die professionelle Beziehungshaltung. So schätzt in unserer Untersuchung eine Sozialpädagogin die Wünsche von Menschen so ein, dass diese lieber nur private und keine professionellen Unterstützungen hätten, wodurch professionelle Angebote prinzipiell zur zweitbesten Möglichkeit werden.

> „Also ich denk menschliches Grundbedürfnis, egal ob sie nun psychisch krank sind (wie in ihrem Arbeitsbereich, d. A.) oder nicht, ist eigentlich diesen Familien- Freundes- und Bekanntenkreis so stark zu unterfüttern, dass die bezahlten Unterstützungen komplett unnötig werden" (Netz De.: 726-729).

Diese Einschätzung entspricht sicher einem weit verbreiteten Wunsch, der auf Idealvorstellungen von Beziehungen in privaten Netzwerken wie Familien basiert. Aber sie lässt die damit einhergehenden Be- und Überlastungen privater Kontakte und daran gekoppelte Beziehungsansprüche und -ambivalenzen unberücksichtigt. Diese Überlastungen und Ambivalenzen können in professionellen Kontexten mit ihren klareren Grenzziehungen gemildert und besser reflektiert werden und zudem eine private Beziehungsentlastung darstellen. Sicher teilt sich in der Aussage aber ein Bedürfnis von KlientInnen nach auffangenden privaten Netzwerken mit, das die Frage aufwirft, wie Professionelle mit der daraus erwachsenden – und ihnen entsprechend entgegengebrachten – Enttäuschung respektive Wünschen nach Freundschaft etc. umgehen.

Hierzu nochmals Beispiele aus unserer Studie, welche die Bedeutung sozialer Einrichtungen deutlich machen.

Zunächst ein Beispiel, in dem professionelle mit familialen Hilfen zusammen gehen und sich in der sozialen Einrichtung Freundschaften zu anderen Klienten entwickeln, sozusagen ein optimaler Fall.

Eine psychisch erkrankte Seniorin einer Altentagesstätte (Netz De2.) sagt:

„Ich danke Gott, dass ich da (Tagesstätte, d. A.) hingehen kann. Und freu mich immer. Dann kann ich viel lieber aufstehn." (cr: 730-733) „Da (Tagesstätte, d. A.) wird immer was gemacht, Denkaufgaben und ... Sitztänze. Ich kann s jetzt net aufzähle, aber es tut mir unheimlich gut." (cr: 73-74) „Es wird nit langweilig, die machen immer was. Ich fühl mich dort wohl." (cr: 341-360) „Da hab ich eine ältere Dame, mit der versteh ich mich sehr gut und die ist so mütterlich zu mir." (cr: 122-123)
Ihre Tochter, mit der sie in einem Haus lebt, bestätigt die Bedeutung der Tagesstätte anhand des unterschiedlichen Verhaltens der Mutter, wenn sie gegen Abend nach ihrer Erwerbstätigkeit nach ihr schaut: „Sie ist eher eine – mit den Medikamenten auch – die, wenn man se irgendwo hinsetzt, schläft se schnell ein und kommt dann nicht mehr zu sich. Üblicherweise läuft dann der Fernseher und dann schick ich se halt früher oder später ins Bett." (cgf: 360-363) „Manchmal, wenn se morgens weiß, am nächsten Morgen geht s in die Tagesstätte, ist sie dann schon im Bett. Das ist sehr spannend." (cgf: 371-373)

Ganz andere Themen professioneller Beziehungsgestaltung entstehen, wenn die professionelle Unterstützung das gesamte Leben ausmacht und nicht durch eine private Einbettung komplementiert wird, wie das Beispiel eines ambulant betreuten, (aufgrund einer spastischen Erkrankung) körperlich schwerstbehinderten vierzigjährigen Mannes zeigt (Netz G.). Sein Unterstützungsnetzwerk besteht neben einigen Krankenpflegerinnen für die tägliche Grundpflege aus mehreren haupt- und ehrenamtlichen Assistentinnen (zur Tagesgestaltung und zur Ausübung seiner Berufstätigkeit), die ihm alle über einen ambulanten Dienst gestellt werden.

> „Wir sind also ne Einheit, sozusagen." (cr: 1017) sagt Herr Asanger, der an den Rollstuhl gebunden und in seinen Worten zu „95%" auf Hilfe angewiesen ist. Sehr wichtig ist ihm, wie den meisten Menschen, ein Verhältnis von Geben und Nehmen herzustellen:
> „Wer bei mir Assistent mal war, die konnten davon ausgehen, wenn se heut mal aufhörn, dass se viel mitgenomme ham bei mir. Weil ich halt auch n Mensch bin, der nicht nur *nimmt*, sondern auch versucht, viel zu geben. Und des is, denk ich, was auch, wenn mers richtig macht, die Stelle hier bei mir sehr angenehm machen kann, aber man muss es wollen. Man muss also wie gesacht wollen, dementsprechend auch sich drauf einzulassen. Und *da* gibt s, muss mer ehrlich saache, aber wenig Leute, die so des können, gerade in der heutigen Zeit." (cr: 411-434)

Er sieht sich als jemanden, der eine Gegenseitigkeit herstellen möchte und in den Augen seiner Betreuerinnen auch viel zu geben hat, dafür aber auch Bedingungen setzt und zwar die, dass alle genau das machen, was und wie er es selbst machen würde, wenn er es könnte, was aus seiner Situation heraus verständlich ist, aber die Unterstützenden, die ihm gleichzeitig auch die Familie ersetzen und ganz eng mit ihm zusammenarbeiten, vor eine schwierige Aufgabe stellt.

Eine inzwischen mit ihm befreundete, langjährige gut 50jährige Betreuerin, Frau Dallmann, die auch Herr Asanger als „Freundin" kennzeichnet, beschreibt ihre heutige Beziehung zu ihm so:

> „Die hat sich im Laufe der Jahre, die ich konstant bei ihm war, doch sehr ausgeprägt. Ich ersetze im Moment für ihn auch n bisschen die Mutterrolle. Insofern muss ich sagen, hab ich sehr, sehr viel Freiraum auch, kann doch viel schalten und walten wie ich gerne möchte, was meine Kolleginnen (die noch nicht so lange da und jünger sind, d. A.) einfach noch nicht können und dürfen. Also ich kann mir relativ viel auch rausnehmen – in Anführungszeichen. Also wenn irgendwas schief läuft, kann ich schon konkreter sagen: ‚Weißt du, du hast dich da jetzt einfach n bisschen blöd verhalten, da müssn mer mal dran arbeiten, da müssn mer was ändern.' Auch im privaten Bereich ist eben dadurch ne ganz andere Schiene aufgefahren. Ich hab ihn ins Privatleben von uns eigentlich mit eingebunden. Wir sind – nicht nur ich, die Mutterrolle, sondern einfach auch ne Ersatzfamilie. Mein Mann und auch die Kinder habn des im Vorfeld mitnanner besprochen und ham des akzeptiert. Und insofern fühlt er sich da auch sehr gut aufgehoben." (cge: 11-27)

Die Sicht von Frau Eggers, der Leitung des ambulanten Dienstes, macht die Beziehungsgestaltung im professionellen Kontext zu Herrn Asanger als eine Mischung aus bewusster Anstrengung und entstandener Sympathie deutlich:

> „Das einzige, wo ich mich überfordert fühl (lacht verhalten) sind diese täglichen Anrufe (wo er mitteilt, wie die tägliche Betreuung funktioniert hat und sich sehr häufig beschwert, d. A.), ich sag manchmal „Ich telefonier mit dir häufiger als mit ner Freundin oder mit meinem Freund". Das sind so die Sachen, wo mir einfach zuviel werden, wo ich mir aber denk, ‚Andrea, jetzt – 5 Minuten, ihm geht's dann gut'. Er hat eine Antenne dafür, wenn ich genervt bin. Da kann er richtig auch teilweise fies werden und dann wird das Gespräch en Chaos. Denn irgendwann zoffen wir uns, weil wir halt nun mal diesen Draht zueinander ham. Und Teamsitzungen (mit ihm zur Dienstplanung, d. A.), wenn ich gemerkt hab, wie ungerecht er wurde seinen Assistenten gegenüber, weil er diese Phasen hat, dass er – okay, das ist ja wie ne Ehe. Der lebt so eng mit diesen Menschen zusammen und seine Erwartungshaltung ist *so hoch*. Weil er des ja gar nicht weiß, wie des ist, mit jemandem zusammenzuleben, selbst Aufgaben zu übernehmen. Die Fehler, die den Assistentinnen passieren, das sind so was von menschliche Dinge, die mir tagtäglich daheim passieren." (cgp: 197-221)

Interessant ist die jeweilige Bezugnahme auf private Beziehungsmuster – Familie und Freundschaften, die für die Nähe in sehr intensiven Einzelbetreuungen sprechen und es möglich machen, sich gegenseitig auch mal die Meinung sagen zu können, weil die Beziehung das trägt und ein Geben und Nehmen erst ermöglicht. Das setzt in diesem Beispiel voraus, dass die Beziehungen gewachsen sind und ausreichend gegenseitige Sympathie da ist und ein ausreichend haltender Rahmen existiert, d.h. keine einseitige Beendigung des Arbeitsverhältnisses droht. So sind die neuen, jungen Mitarbeiterinnen vertraglich an die Betreuung von Herrn Asanger gebunden. Dass es nicht einfach ist, die finanzielle und die sorgende Seite zusammenzubringen, beschreibt abschließend Frau Eggers, die sich mit einer Kollegin vor einigen Jahren selbstständig gemacht hat:

> „Für mich ist es wichtig, dass wir so ne Balance finden. Ich muss auf der einen Seite kucken, dass ich damit en bisschen Geld verdien, aber dass halt einfach das Zeitliche, das Pflegerische, das Fürsorgliche nicht zu kurz kommt. Und das ist halt schwierig (lacht), aber, wir versuchen s. Einfach das Menschliche, dass wir das en bisschen mit reinnehmen. Sicher, wie wir angefangen ham, hatten wir Vorstellungen, einen Elan, und *Ideen*, was wir alles machen wollten, aber es ist nicht so einfach umzusetzen." (cgp: 1027-1041)

Deutlich wird hier, wie komplex die Beziehungsgestaltung und wie wichtig ein haltender Rahmen ist, obwohl dieses Beispiel sicher extrem ist, da der Grad faktischer gegenseitiger Abhängigkeit sehr hoch ist. Aber gerade dadurch tritt die Beziehungsdimension von Care, eingebettet in institutionelle Rahmungen besonders klar hervor.

Möglicherweise ist eine bis in die 1980er Jahre gesellschaftlich überwiegenden Vorstellung einer prinzipiell schweren Vereinbarkeit von Sorgetätigkeit und Beruf heute überwiegend einer Kritik an den schlechten Arbeitsbedingungen in vielen Care Berufen gewichen, die nicht selten selbst eine begrenzte fürsorgliche Praxis verunmöglichen oder aber die Mitarbeiterinnen mit ihren beziehungsrelevanten Problemen allein lassen, indem – wie auch in dem aufgeführten Beispiel – keine Supervision vorgesehen ist. Während besonders in den 1970er und 1980er Jahren Nähe im Zuge von Wünschen nach einer nicht entfremdeten Verknüpfung von Arbeit und Leben einen zentralen alternativen Wert darstellte, steht heute eher das Credo professioneller Distanz im Vordergrund, basierend auf normativen Vorstellungen von Selbstbestimmung und Selbstverantwortlichkeit und einer klaren Trennung zwischen Beruf und Privatleben. Bei dieser Betonung von Distanz gerät meines Erachtens die Auseinandersetzung um die Beziehungsdimension sozialer, erziehender und pflegender Berufe nicht selten ins Hintertreffen. Die hohe Abwanderung aus Care Berufen aufgrund hoher Anforderungen, niedriger Bezahlung und schlechten Arbeitsbedingungen insbesondere im Bereich der Früherziehung und der Pflege könnte als Indiz für ungelöste Probleme dieses Berufsbereichs gesehen werden und stellt ein soziales und ökonomisches Problem dar.

4 Das prinzipielle Spannungsverhältnis von Selbstsorge und Fürsorge erfordert eine ständig auszutarierende Balance sowohl auf individueller als auch auf gesellschaftlicher Ebene

Auf der Suche nach einem Care einschließenden Ansatz für Überlegungen zu einer gerechten Gesellschaft wird zunehmend der ursprünglich von Friedensnobelpreisträger Amaryta Sen entwickelte Befähigungsansatz „capability approach" diskutiert (Bonvin 2009). Er geht von einer die Gesellschaft verpflichtenden Befähigung aller ihrer Mitglieder zu einem menschenwürdigen Leben durch Bereitstellen von Entwicklungschancen d.h. nicht nur von Dingen aus und bezieht die Anerkennung menschlicher Vielfalt sowie die Balance individueller Autonomie *und* Interdependenz ein. Diese Entwicklungschancen beziehen sich auf entsprechende Infrastrukturen, Berechtigungen und Befähigungen, wozu es ausreichender Ressourcen, ausreichender Seins- und Handlungsmöglichkeiten und ausreichender

Umsetzungsanleitungen bedarf (Giullari/Lewis 2005). Zu unterscheiden ist zwischen Wohlergehen und Tätigwerden („agency") als Motor persönlicher, zwischenmenschlicher und gesellschaftlicher Entwicklung. Dazu gehört auch ein Abwägen zwischen eigenen Vorteilen und als richtig erkannten Erfordernissen. Menschen sind nach diesem Ansatz dazu fähig (capable) „to make choices out of concern and responsibility for others, as well as for one's self" (Giullari/Lewis 2005). Sorgen (care) besteht dann darin, beide Aspekte menschlicher Bedürfnisse – Wohlergehen und Tätigwerden – zu fördern. Einzubeziehen ist das nicht auflösbares Spannungsverhältnis zwischen einem Raum für individuelle Entscheidungsfreiheit und Eigensinnigkeit einerseits und der Selbst- und notfalls Fremdverpflichtung aller auf ein an Gerechtigkeit *und* Fürsorge orientiertes demokratisches Zusammenleben andererseits, dessen Eckpfeiler jeweils auszuhandeln sind.

Dem Spannungsverhältnis zwischen individueller Entscheidungs- und Entwicklungsfreiheit und gesellschaftlicher Verantwortung korrespondiert ein Spannungsverhältnis zwischen Autonomie und Interdependenz im Individuum selbst, d.h. Wünschen nach Unabhängigkeit und nach Versorgtwerden respektive Sorgen (Schnabl 2005, Brückner 2000). Biografische Voraussetzung für beides – Selbstsorge und Fürsorge – ist die Entwicklung ausreichender Selbstliebe (d.h. der Fähigkeit zur Regulierung von Nähe und Distanz und Gewissensbildung), da die Verschränkung von Selbstliebe und Fremdliebe Voraussetzung von Beziehungsgestaltung ist (Küchenhoff 1999).

Damit steht der Care Ansatz quer zur Idee der Caritas – selbstloser Nächstenliebe und quer zur alleinigen Befürwortung von Individualisierung und alleiniger Betonung von Eigenverantwortlichkeit. „In der Aufmerksamkeit für die zwischenmenschlichen Beziehungen fürsorglicher Praxis liegt der Widerstand gegen eine Vereinnahmung durch die monadischen Programme der Selbstoptimierung" (Eckart 2004: 37).

5 Fazit: Die gesellschaftliche Auseinandersetzung um Care als Herzstück des Sozialen muss das Ringen um soziale Gerechtigkeit im Geschlechterverhältnis ebenso einbeziehen wie Fragen der Anerkennung und der Teilhabe für Sorgeleistende und Sorgeempfangende

Die Entwicklungen der internationalen Care-Debatte lassen sich als Ringen um Geschlechtergerechtigkeit in Familien ebenso wie im Wohlfahrtssystem unter Einbeziehen klassenspezifischer und ethnischer Fragen auf der Basis ethischer Vorstellungen zusammenfassen.

Geschlecht – Gender – gehört nach Fraser (2001) zu den Kategorien, die Ungerechtigkeiten einerseits auf der Ebene der Verteilung als auch andererseits auf der Ebene der Anerkennung bewirken, da Gender sowohl in die ökonomische Struktur als auch die gesellschaftliche Statushierarchie im Sinne institutionalisierter kultureller Wertmuster eingebunden ist und partizipatorische Parität für das untergeordnete Geschlecht verhindert. Generative Sorge als geschlechterübergreifende Gemeinschaftsaufgabe in und außerhalb von Familien kann sich nur in einer Kultur der Gerechtigkeit entwickeln, die den privaten und den öffentlichen Bereich umfasst. Eine ausreichende zeitliche, finanzielle und infrastrukturelle Rahmung von Sorgebeziehungen erfordert eine geschlechterübergreifende Vereinbarkeit von Familie und Beruf ebenso wie die Anerkennung von Grenzen der Individualisierung und der Institutionalisierung privater Lebensformen (Honig 2006). Dazu gehört auch ein gesellschaftliches Verständnis von Sorgen als gleichwertige Bildungsaufgabe wie die Entwicklung von Unabhängigkeit und Selbstständigkeit (Gröning/Radtke-Röwekamp 2007). Das Neue der Care Debatte liegt darin, die Notwendigkeit von Care im Sinne zwischenmenschlicher Verantwortung als zentrale gesellschaftliche Aufgabe zu formulieren (Hochschild 2001). Wie sich Care angemessen gestalten lässt, hat Arlie Hochschild (1995) idealtypisch als „warm-modern" Modell gefasst: Soziale Institutionen übernehmen Teile der Care Aufgaben, gleichzeitig haben Frauen und Männer genügend Zeit und den Wunsch, Care im privaten Kontext zu leisten, d.h. Voraussetzungen sind ein Wandel des Männerbildes, des Verständnisses und der Struktur von Arbeit und eine andere Wertschätzung von Care.

Zusammenfassend geht es bei Gerechtigkeit bezogen auf soziale Tätigkeit in privaten und beruflichen Kontexten um (Fraser 2003):

- Ringen um Verteilung – der Care Aufgaben zwischen den Geschlechtern,
- Ringen um Anerkennung – geschlechtsübergreifende respektive geschlechtersensible Wertschätzung von Care Tätigkeit,
- Ringen um Teilhabe – Gewährleistung sozialer Bürgerrechte für Sorgende und Versorgte.

Literatur

Alt, Jörg (2004): Transnationale Räume illegaler Migration. In: Migration und Soziale Arbeit, Nr. 2, 98-107
Bonvin, Jean-Michel (2009): Der capability Ansatz und sein Beitrag für die Analyse gegenwärtiger Sozialpolitik. In: Soziale Passagen, 1. Jg., H. 1, 8-22
Brückner, Margrit (2010): Care und Soziale Arbeit: Sorgen im Kontext privater und öf-

fentlicher Räume. In: Schröer, Wolfgang/Schweppe, Cornelia (Hg.): Fachgebiet Soziale Arbeit. Enzyklopädie Erziehungswissenschaft Online. www.erzwissOnline. de Juventa, 26 S.

Brückner, Margrit (2009): Die Sorge um die Familie – Care im Kontext Sozialer Arbeit und öffentlicher Wohlfahrt. In: neue praxis Sonderheft 9, Hg. von Christof Beckmann u. a.: Neue Familialität als Herausforderung der Jugendhilfe, 39-48

Brückner, Margrit (2008): Kulturen des Sorgens (Care) in Zeiten transnationaler Entwicklungsprozesse. In: Homfeldt, Hans-Günther/Schröer, Wolfgang/Schweppe, Cornelia (Hrsg.): Soziale Arbeit und Transnationalität. Weinheim/München: Juventa, 167-184

Chamberlayne, Prue (1996): Fürsorge und Pflege in der britischen feministischen Diskussion. In: Feministische Studien 2, 47-60

Chamberlayne, Prue (1996): Fürsorge und Pflege in der britischen feministischen Diskussion. In: Feministische Studien 2, 47-60

Davies, Celia (1994): Competence versus Care? Gender and Caring Work Revisited. Vortrag im Research Comittee 19, 13, Weltkongress der Soziologie, Bielefeld

Eckart, Christel (2004): Fürsorgliche Konflikte. In: Österreichische Zeitschrift für Soziologie, 29. Jg., H.2, 24-40

Egger de Campo, Marianne/Laube, Stefan (2008): Barrieren, Brücken und Balancen, Gefühlsarbeit in der Altenpflege und im Call Center. In: Österreichische Zeitschrift für Soziologie, 33. Jg., H.2, 19-42

Fraser, Nancy (2003): Soziale Gerechtigkeit im Zeitalter der Identitätspolitik. In: Fraser, Nancy/Honneth, Axel: Umverteilung oder Anerkennung? Frankfurt: Suhrkamp

Fraser, Nancy (2001): Die halbierte Gerechtigkeit. Schlüsselbegriffe des postindustriellen Sozialstaats. Frankfurt a. M.: Suhrkamp

Fraser, Nancy (1994): Die Frauen, die Wohlfahrt und die Politik der Bedürfnisinterpretation. In: Widerspenstige Praktiken. Frankfurt a. M.: Suhrkamp, 222-248

Gottschall, Karin/Pfau-Effinger, Birgit (2002): Einleitung: Zur Dynamik von Arbeit und Geschlechterordnung. In: Dies. (Hg.): Zukunft der Arbeit und Geschlecht. Opladen: Leske + Budrich, 7-28

Giullari, Susy/Lewis, Jane (2005): The Adult Worker Model Family, Gender Equality and Care. United Nations Research Institute for social Development, Social Policy and Development Programme Paper No. 19, April (UNRISD/PPSPD19/05/2)

Gröning, Katharina/Radtke-Röwekamp, Bianca (2007): Theoretische Probleme, sozialpolitische Dilemmata und lebensweltliche Konflikte in der familialen Pflege. In: Zeitschrift für Frauenforschung und Geschlechterstudien. 25. Jg., 1, 62-73

Hochschild, Arlie (2001): Globale Betreuungsketten und emotionaler Mehrwert. In: Will Hutton/Anthony Giddens (Hrsg.): Die Zukunft des globalen Kapitalismus. Frankfurt a. M.: Campus, 157-176

Hochschild, Arlie Russell (1995): The Culture of Politics: Traditional, Postmodern, Coldmodern and Warm-modern Ideals of Care. In: Social Politics, Vol.2, 3, 331-346

Honig, Michael-S. (2006): An den Grenzen der Individualisierung. Die Vereinbarkeit von Familie und Beruf als sozialpädagogisches Thema. In: neue praxis 1, 25-36

Küchenhoff, Joachim (1999): Die Fähigkeit zur Selbstfürsorge – die seelischen Voraussetzungen. In: Ders. (Hrsg.): Selbstzerstörung und Selbstfürsorge. Gießen: psychosozial, 147-164

Larcher Klee, Sabina (2006): 'Adult Worker' und Erziehungspartnerschaften: Integrative Strategien im Kontext von Effektivitätsdebatten? In: Zeitschrift für Pädagogik, 52. Jg., 3, 375-385

Leira, Arnlaug (1992): Welfare States and Working Mothers. The Scandinavian Experience. Cambridge: Cambridge University Press

Lewis, Jane/Meredith, Barbara (1988): Daughters who care: daughters caring for mothers at home. London: Routledge

Helma Lutz (Hrsg.) (2009): Gender Mobil? Geschlecht und Migration in transnationalen Räumen. Münster

Marshall, Thomas H. (1992): Bürgerrechte und soziale Klassen. Frankfurt a.M.

Maurer, Susanne (2001): Soziale Arbeit als Frauenberuf. In: Hans-Uwe Otto u. Hans Thiersch (Hrsg.): Handbuch Sozialarbeit Sozialpädagogik. Neuwied: Luchterhand, 1598-1604

Metz-Göckel, Sigrid/Münst, Senganata/Kalwa, Dobrochna (2009): Migration als Ressource. Leverkusen/Opladen: B. Budrich

Metz-Göckel, Sigrid/Koch, Angela/Münst A. Senganata (2006): Leben in zwei Welten: Zur Pendelmigration polnischer Frauen. In: Zeitschrift für Frauenforschung und Geschlechterstudien, 24. Jg., H. 1, 51-68

Nagl-Docekal, Herta (1994): Ist Fürsorglichkeit mit Gleichbehandlung unvereinbar? In: Deutsche Zeitschrift für Philosophie, Jg. 42, Nr.6, 1045-1050

Napiwotzky, Anne-Dorothea (1998): Selbstbewusst verantwortlich pflegen: ein Weg zur Professionalisierung mütterlicher Kompetenzen. Bern: Huber

Nussbaum, Martha (2003): Langfristige Fürsorge und soziale Gerechtigkeit. In: Deutsche Zeitschrift für Philosophie, 2, 179-198

Odierna, Simone (2000): Die heimliche Rückkehr der Dienstmädchen – bezahlte Arbeit im privaten Haushalt. Opladen: Leske + Budrich

Ostner, Ilona (2002): „Staatlich geförderte Selbsthilfe". Der britische Wohlfahrtsstaat vor und unter Labour. In: Widersprüche, 22. Jg., 2, 7-15

Overlander, Gabriele (1996): Die Last des Mitfühlens. Frankfurt: Mabuse

Rabe-Kleberg, Ursula (1993): Verantwortlichkeit und Macht. Bielefeld: Kleine

Rabe-Kleberg, Ursula (1988): „Weibliches Arbeitsvermögen" und soziale Berufe – ein gutes Verhältnis? In: Frauenforschung, Jrg.6, 4, 28-31

Rerrich, Maria S. (2006): Die ganze Welt zu Hause – cosmobile Putzfrauen in privaten Haushalten. Hamburg: Hamburger Edition – Institut für Sozialforschung

Rommelspacher, Birgit (1992): Mitmenschlichkeit und Unterwerfung. Frankfurt/M./New York: Campus

Sauer, Birgit (2006): Geschlechterdemokratie und Arbeitsteilung. Aktuelle feministische Debatten. In: Österreichische Zeitschrift für Soziologie, Jg. 31., H.2, 54-76

Senghaas-Knobloch (2008): Care-Arbeit und das Ethos fürsorglicher Praxis unter neuen Marktbedingungen am Beispiel der Pflegepraxis. In: Berliner Journal für Soziologie, H. 2, 221-243

Waerness, Kari (2000): Fürsorgerationalität. In: Feministische Studien extra: Fürsorge – Anerkennung – Arbeit. 18.Jg., 54-66

GeschlechterUmOrdnungen in der Sozialen Arbeit?

Susanne Maurer

Die von Frauenbewegungen und feministischer Kritik beförderte Einsicht, dass die Bedeutungen von Geschlecht historisch und kulturell variieren, immer wieder neu hergestellt werden (müssen) und dabei umkämpft sind, war und ist von der Hoffnung begleitet, dass Geschlechterhierarchien damit nicht mehr so leicht aufrechtzuerhalten sind, dass eine grundlegende Veränderung möglich ist. Die Betonung der Veränderbarkeit – notwendig, um Veränderung überhaupt in Angriff nehmen zu können – rückt womöglich eine andere Einsicht in den Hintergrund: Die herrschende Geschlechterordnung erweist sich als beharrlich und zäh und wird – wenn auch unter sich verändernden politischen und ökonomischen Rahmenbedingungen – vielfältig institutionell abgestützt und reproduziert. Dass damit durchaus auch – im Einzelnen genauer zu betrachtende – Transformationen einhergehen, soll damit nicht negiert werden. Im Kontext des ‚aktivierenden Sozialstaats' (vgl. hierzu insgesamt etwa Kessl/Otto 2009) wird zum Beispiel eine „Ideologie der Selbstgestaltung" wirksam, die die Delegation sozialstaatlicher Verantwortung an die Individuen und deren Bewältigungsleistung zugleich legitimiert und verdeckt (vgl. Bitzan 2003). Die damit angedeuteten Prozesse werden von Maria Bitzan als „Entöffentlichung geschlechtshierarchischer Widersprüche und Individualisierung gesellschaftlicher Konflikte" (Bitzan 2000, S. 340) gekennzeichnet.

Vor diesem Hintergrund ist auch zu analysieren, weshalb das komplexe Verhältnis von Profession und Geschlecht im Kontext Sozialer Arbeit bis heute offenbar nur schwer angemessen thematisiert werden kann.[1] Wie aber können Geschlechterverhältnisse in einer Perspektive von (mehr) Gerechtigkeit und Demokratie ‚umgeordnet' werden, und welche Rolle kann Soziale Arbeit in diesem Zusammenhang spielen, wenn sie doch selbst in gewisser Weise als ‚Ausdruck' eines komplizierten hierarchischen Geschlechterverhältnisses verstanden werden muss?

---

1 Hier liegt ein Knackpunkt für die ganze Thematik (vgl. hierzu auch Eckart 2000; Tronto 2000).

Verdeckte Ordnungen

Personenbezogene Dienstleistungsfelder weisen nach wie vor hohe Beschäftigungszuwachsraten auf. Das konstatieren auch Marianne Friese und Barbara Thiessen (vgl. Friese/Thiessen 2003) und problematisieren sogleich die Geschlechterdimension dieses Befunds: So sei die prekäre Professionalität in den Feldern Versorgung und Betreuung, Erziehung und Pflege (mit fließenden Grenzen zwischen bezahlter und unbezahlter sowie zwischen qualifizierter und unqualifizierter Arbeit) auf eine Dynamik der Naturalisierung von Geschlechter-(Arbeits-)Verhältnissen zurückzuführen, die Frauen eine Eignung für entsprechende Tätigkeiten ‚qua Geschlecht' unterstelle. Friese und Thiessen betrachten als Dreh- und Angelpunkt für einen anzustrebenden Prozess des „Entgendering"[2] in den genannten Bereichen einen reformulierten Kompetenz-Begriff, der um soziale und alltagsweltliche Qualifikationen erweitert werden müsse, und damit insgesamt auch zu einer Neukonturierung des Arbeitsbegriffes beitragen könne.

(Zukunfts-)Hoffnungen auf eine ‚entgenderte' Auffassung von Arbeit und Kompetenz finden sich in den Texten verschiedener Autor_innen – wenn etwa gefordert wird, dass die Fähigkeit und Praxis der Fürsorglichkeit als allgemeinmenschliche soziale Fähigkeit und Qualität gesellschaftliche Anerkennung finden (vgl. Rabe-Kleeberg 1997) oder dass fürsorgliche Praxis zum politischen Gestaltungskriterium werden müsse (vgl. Eckart 2000; Tronto 2000). Solche Forderungen könnte ich umstandslos in eigene Zukunftsvisionen integrieren. Dennoch lässt sich hier – durchaus selbstkritisch und zur Schärfung der eigenen Aufmerksamkeit – die Frage stellen, ob normative Appelle die im Komplex ‚Profession und Geschlecht' enthaltene Konfliktdimension wirklich aufschließen – und vor allem: verändern – können?

In der Geschlechterforschung wird die Diskussion um Profession und Geschlecht seit vielen Jahren hochelaboriert und differenziert geführt (vgl. etwa Wetterer 1995; Rabe-Kleeberg 1997; Gildemeister/Wetterer 2007); entsprechende Analysen und Rekonstruktionen werden in den Professionalisierungsdiskursen im Kontext Sozialer Arbeit jedoch kaum zur Kenntnis genommen (vgl. Ehlert/Funk 2008). Die ‚statistischen Geschlechterverhältnisse'[3] werden zwar immer wieder angeführt und durchaus auch problematisiert (vgl. etwa Cloos/Züchner

---

2   Gemeint ist mit dieser deutsch-englischen Wortschöpfung das Rückgängig-Machen eines Vergeschlechtlichungsprozesses (gendering).
3   Gemeint ist das proportionale ‚Vorkommen' von Frauen und Männern in verschiedenen Berufen bzw. Arbeitsgebieten innerhalb eines bestimmten Berufes; empirische Befunde zeigen nach wie vor Geschlechtersegregationen, die sowohl horizontal (Verteilung zwischen Bereichen) wie auch vertikal (Verteilung innerhalb einer Statushierarchie) auszumachen sind (vgl. hierzu etwa Fendrich u. a. 2006).

2002), ohne jedoch die im Diskurs der Geschlechterforschung erreichte theoretische Komplexität systematisch zu berücksichtigen. Hier greift womöglich eine Dynamik, die Maria Bitzan, Heide Funk und andere als „Verdeckungszusammenhang" gekennzeichnet haben (vgl. Bitzan 1996; 2002; Bitzan/Funk 1995): Etwas scheint der Wahrnehmung und Thematisierung nicht zugänglich zu sein – weil es ‚nicht(s) wert' ist, weil es zu konfliktträchtig ist, weil es zu einer radikaleren Neuorientierung, ja Neu-Ordnung herausfordern würde?

Mein Eindruck: Aktuelle, selbst feministisch inspirierte Strategien im Kampf um Anerkennung (als Disziplin, als Profession) wiederholen in gewisser Weise die Ausblendung der Abwertung von ‚weiblicher' (Sozialer) Arbeit als Arbeit an und mit der Bedürftigkeit,[4] indem diese Abwertung nicht mehr thematisiert (und auch nicht mehr auf ihre historischen, gesellschaftspolitischen, philosophischen und psychodynamischen Dimensionen hin untersucht), sondern einfach übergangen wird.[5] Ehlert und Funk weisen darauf hin, dass die Vermeidung einer Auseinandersetzung mit der Arbeit in Bezug auf Bedürftigkeit in der gegenwärtigen gesellschaftlichen Situation einer vorherrschenden Logik entspricht, die das konkrete Sorgen durch Abwertung ausgrenzt, es gleichzeitig als ‚nebenher verfügbar' voraussetzt, und dies überdies im Kontext eines zugespitzten (Selbst-)Verantwortungsdiskurses (vgl. auch Weber/Maurer 2006), der die Voraussetzungen für die Übernahme von Verantwortung der Reflexion systematisch entzieht.

Der Wunsch nach ‚Autonomie', nach ‚Normalität' von Profession und Disziplin ist nachvollziehbar – im Kampf um gesellschaftliche und wissenschaftliche Anerkennung der Sozialen Arbeit, auch um den Status der Fachkräfte, verfolgt man eben die Strategien, die Erfolg versprechend erscheinen. Ich stelle allerdings nachdrücklich infrage, dass eine Stärkung von Disziplin und Profession erreicht werden kann, ohne die darin eingelassenen Geschlechterordnungen (und deren Krisen?) zu reflektieren und die damit verbundenen Geschlechterkonflikte zu bearbeiten.

Die allgemein-menschliche und (gesellschafts-)politische Bedeutung von ‚Care'[6] ist also explizit und offensiv hervorzuheben; die historisch an ‚das Weib-

---

4   Mit diesem Begriff wird die Tatsache bezeichnet, dass Menschen auf andere Menschen (und auf deren Sorgetätigkeit) angewiesen sind; dies trifft prinzipiell auf alle Menschen zu (vgl. Fraser/Gordon 1994; Tronto 2000), kann sich aber im Einzelnen noch zuspitzen und zu einer gesteigerten Angewiesenheit auf und Abhängigkeit von Pflege, Fürsorge und Betreuung werden. Ehlert/Funk (2008) und Böhnisch/Funk (2002) unterscheiden denn auch begrifflich zwischen „Angewiesenheit" und „Bedürftigkeit" – wobei letztere in ihrer gesellschafts-, sozial- und geschlechterpolitischen Brisanz herausgearbeitet wird.
5   Vgl. demgegenüber Feministische Studien extra 2000; Brückner 2003; Ehlert/Funk 2008.
6   Der englische Begriff scheint in unseren Debatten leichter über die Lippen zu gehen – er mutet neutraler, sachlicher an, erscheint weniger hierarchisch, ist schließlich auch international kom-

lich-Mütterliche' geknüpfte und – gerade in den praktischen Vollzügen – in der Regel Frauen zugewiesene Tätigkeit, soll nicht länger abgewertet und gering geschätzt werden (vgl. hierzu Tronto 2000; Brückner 2000). Indem Arbeit, die historisch in verschiedenen Sphären verortet und in spezifischer Weise klassifiziert wurde, in die Vorstellung von ‚gesellschaftlicher Arbeit' (re-)integriert wird, kommt eine radikale Vision zum Ausdruck: Die Anerkennung jeder Tätigkeit als gleichrangig, die gesellschaftlich notwendig und nützlich ist – ohne die also das soziale Zusammenleben, das menschliche Leben überhaupt nicht möglich erscheint. Eine solche Auffassung ist im Kontext der aktuell (vor-)herrschenden ökonomischen und gesellschaftlichen Ordnungen in höchstem Maße brisant – jene basieren schließlich historisch wie systematisch auf der Zuordnung bestimmter gesellschaftlich notwendiger und nützlicher Arbeit zum Bereich des so genannten Privaten, das nicht nach den Rationalitäten der Erwerbsarbeit organisiert ist, sondern deren ‚Anderes' darstellt. Auch wenn sich heute die Grenzen zwischen ‚(Erwerbs-)Arbeitszeit' und ‚Lebenszeit' (die für die meisten Frauen nach wie vor mit mehr reproduktiver (Sorge-)Arbeit verbunden ist als für die meisten Männer, mehr und mehr verschieben oder gar relativieren, so ist doch der moderne Arbeitsbegriff nach wie vor auf die volle Verfügbarkeit des Arbeits-Subjektes (historisch als ‚männliches' konzipiert) bezogen. Dies spitzt sich derzeit sogar totalisierend noch zu:[7] Frauen, dem Bereich des Privaten und der sogenannten Reproduktionssphäre zugeordnet, erscheinen zumindest mit einem Teil ihrer Zeit und Arbeitskraft daran gebunden, sodass sie – immer konzeptionell gesprochen – diese volle Verfügbarkeit nicht repräsentieren.

1 Historische und strukturelle Aspekte

Die um 1900 für die Herausbildung moderner Sozialer Arbeit in Deutschland sehr bedeutsame Ablösung der Almosen- durch Armenpolitik stellt sich insgesamt als durchaus kontroverser und konfliktreicher Prozess dar (vgl. Böhnisch u.a. 1999, S. 21f.). Mit der seit der Reichsgründung 1871 verfolgten staatlichen Arbeiterpolitik und der Herausbildung des Sozialversicherungswesens entwickelt sich auch eine Differenzierung in Arbeiter- und Armenpolitik bzw. Armenfürsorge.

---

patibel. In seinen Bedeutungsfacetten verweist der Begriff (v. a. in der Verb-Form) auch auf die Aspekte ‚sich Gedanken machen über', ‚sich verantwortlich fühlen/zeigen für', ‚sich sorgen um', ‚sorgen für'.

7 Diese Vorstellung wird im Übrigen auch auf diejenigen angewandt, die als ‚Arbeitslose', also ohne Erwerbsarbeitsstelle, in ihrem Bemühen um eine solche nie nachlassen dürfen, selbst wenn die Arbeitsmärkte ihnen strukturell und langfristig die Aussicht darauf verwehren.

Damit findet in Deutschland gleichzeitig eine Spaltung entlang der Trennlinie Geschlecht statt (vgl. auch Reinl 1997), und zwar mit einer (kollektivierenden) Tendenz die Existenz erwerbstätiger Individuen an der Norm eines (männlich gedachten) Arbeiters auszurichten, dessen Reproduktionsrisiken auf den industriellen Produktionsprozess hin ‚versichert' werden. Andere Existenzrisiken werden individualisiert und mehr oder weniger der Fürsorgetätigkeit überlassen, sie verschwinden – als ‚Probleme der privaten Lebensführung' tendenziell aus der gesellschaftlichen Wahrnehmung von Strukturproblemen.[8]

Damit wird deutlich, dass jüngere Analysen der Transformation von Sozialstaatlichkeit, die etwa herausarbeiten, wie eine ehemals anscheinend ‚kollektive Risikoabsicherung' nunmehr zu einer ‚eigenverantwortlichen Risikokalkulation' hin verschoben werde, nur einen Teil des sozialpolitischen Feldes ansprechen. Die Privatisierung – insbesondere auch Familialisierung – sozialer Verantwortung hat Geschichte. Und diese Geschichte ist Teil einer gesamtgesellschaftlichen Geschlechterordnung.

Gerade mit Bezug auf Sozialpolitik als Geschlechterpolitik kann gezeigt werden, dass im modernen Wohlfahrtsstaat eine kulturelle Dimension ausgebildet wird, „in der weit reichende Definitionen von Normalität und Abweichung bezüglich durchschnittlicher Lebensentwürfe und Lebensführungen (...) eingelassen sind" (Böhnisch u.a. 1999, S. 253). Nicht zuletzt im Medium Sozialer Arbeit findet historisch eine spezifische „Normalisierung" statt, und zwar im Rahmen des „Geschlechterdispositivs" (vgl. Bührmann 1998). Der Rahmen oder das ‚Dispositiv'[9] des Sozialen ist also in einen weiteren Rahmen, ein weiteres Muster – die GeschlechterMachtVerhältnisse – ‚eingespannt' (oder damit verwoben).

Hier könnte sich – theoretisch wie politisch – der Blick öffnen für den Bereich der sogenannten Reproduktion. Im Kontext von Sozialpolitik und Sozialer Arbeit besteht nun aber ein Problem, aus dem sich allerdings vielleicht auch eine neue Perspektive entwickeln lässt: Historisch ist eine spezifische Praxis weiblicher Arbeit mit Hilfsbedürftigen entstanden, die aktuell reagiert und handelt (vgl. Funk 1988),[10] während Sozialpolitik insgesamt vor allem von einzelnen Si-

---

8 So kann Sozialpolitik von manchen Theoretikern als „die staatliche Bearbeitung des Problems der dauerhaften Transformation von Nicht-Lohnarbeitern in Lohnarbeiter" (Lenhardt/Offe 1977, zitiert bei Böhnisch u. a. 1999, S. 11) verstanden werden – eine Perspektive, die andere Aspekte der Gestaltung des Sozialen systematisch eher ausblenden wird.
9 Ähnlich wie Andrea Bührmann beziehe ich mich dabei auf ein Denken im Sinne der Machtanalytik Michel Foucaults. Wertvolle Anregungen für das Nachdenken über Soziale Arbeit in diesem theoretischen Horizont verdanke ich der Arbeit von Anke Wenta (vgl. Wenta 1997) und der Zusammenarbeit mit Fabian Kessl.
10 Mit Foucault könnte diese weibliche Arbeit im Bereich ‚lokales Wissen, lokale Praktiken' verortet werden (vgl. auch Schröder 2001).

tuationen und Kontexten abgehoben und institutionell verfährt – sozusagen ‚ohne Ansehen der Person'. Unter den Vorzeichen von Geschlechtertrennung und -hierarchie geht damit eine „personelle Verfügbarkeit" weiblicher Sorgetätigkeit einher (vgl. Böhnisch/Funk 2002), die in meiner Sicht eine spezifische Machtwirkung des (historischen) Geschlechterdispositivs darstellt.

Heide Funk und Lothar Böhnisch (2002) machen deutlich, dass die reproduktionsorientierte, an der Unmittelbarkeit der Lebensverhältnisse ansetzende Soziale Arbeit nicht als ‚sozialpolitisch' erkannt und anerkannt werden kann, und dennoch dauernd (und vor allem in Krisenzeiten) sozialpolitisch gebraucht und als selbstverständlich verfügbar angesehen wird. Sie springt sozusagen da ein, wo soziale Risiken nicht mehr individuell bewältigbar sind – und bildet damit einen Zwischenbereich, einen Bereich der Vermittlung zwischen privatisierter Reproduktion und gesellschaftlich-kollektiver Reproduktion. Bis heute wird die Geschlechterdimension dieses Zwischenbereichs im Kontext der Disziplin kaum systematisch reflektiert und theoretisiert. Ich vermute, dass dieser Umstand etwas mit der Ausblendung oder auch Negierung der damit verbundenen Konflikte bzw. mit der (systematischen) De-Thematisierung der historisch hergestellten und (sozial)politisch reproduzierten Geschlechterdifferenz zu tun hat.

Wir haben es hier mit einer komplizierten Mehrfachstruktur zu tun: Denn Soziale Arbeit beinhaltet die Geschlechterdifferenz und -hierarchie nicht nur (auf der Seite der ‚Care-givers' ebenso wie auf der Seite der ‚Care-takers'), sondern ist auch von ihrer Aufgabenstellung her mit Differenz(en) befasst. Im Medium der historischen Betrachtung lässt sich zeigen, wie die sich um 1900 herausbildende moderne Sozialarbeit bzw. Sozialpädagogik ihre Aufgabenstellungen an ‚Differenzen' entwickelt: Gemeint sind hier zum einen die gesellschaftlichen Umbrüche, die neue Erscheinungsformen sozialer Ungleichheit hervorbrachten und die damit verbundene Problematik von Desintegration und sozialem Konflikt; zum anderen lebensgeschichtliche Brüche, die z.B. mit der Land-Stadt-Migration oder mit Kriegserfahrungen einhergingen, ‚abweichendes Verhalten' in den unterschiedlichsten Formen, Prozesse der Entfremdung ganz allgemein. Hundert Jahre später kann kritisch rekonstruiert werden, wie Differenz und Norm im Kontext Sozialer Arbeit – immer wieder neu und immer wieder anders – aufeinander bezogen worden sind. Dies lässt sich nicht zuletzt am Beispiel der – gegen Normalitäts-Zumutungen gerichteten – Kämpfe um Anerkennung von Differenz nachvollziehen. Dabei kann das Anliegen der Ent-Stigmatisierung von Differenz auf dem Weg ihrer ‚Normalisierung' (so geschehen z.B. mit der Öffnung der großen Heime, der Anstalten) auch den Effekt der Verdeckung von Differenz und deren potentieller Konfliktdimension erzeugen (vgl. ausführlicher dazu Maurer 2001a).

Trifft eine solche Dynamik etwa auch auf die Versuche zu, den Komplex Soziale Arbeit selbst über eine Praxis der ‚Normalisierung' zu entstigmatisieren?[11] Und was hätte eine solche Dynamik mit dem Umstand zu tun, dass Soziale Arbeit historisch als ‚Frauenberuf' konzipiert und weitgehend auch realisiert worden ist? Wird hier versucht, den Geschlechterkonnotationen Sozialer Arbeit, den in die Soziale Arbeit eingelassenen ‚Geschlechter-Differenzen' zu entkommen, ohne sie zu konfrontieren?

Mit Blick auf den klassischen Professionsbegriff ist jedenfalls festzuhalten, dass er – ebenso wie eine bipolare Ordnung der Geschlechter – zu den konstituierenden Elementen der bürgerlichen Gesellschaft gehört. Das damit neu konzipierte Verhältnis zwischen Öffentlichkeit und Privatheit ist eng verbunden mit einer spezifischen gesellschaftlichen Arbeitsteilung, die die historische Geschlechterordnung als ‚natürliche' erscheinen lässt.

Entsprechende Rekonstruktionen zeigen, dass Normierung und ‚Normalisierung' im Kontext des modernen Geschlechterdispositivs für Männer und Frauen historisch verschieden verlaufen sind.[12] Frauen wurden als potentiell hysterische Gattungswesen, Männer hingegen als Individuen normalisiert (vgl. Bührmann 1998, S. 90; siehe auch Maurer 2007). Die damit erzeugte Situation ist paradox: (Sozial-)Politisch gesehen verschwinden Frauen als Gattungswesen, als sozusagen naturalisierte und damit entindividualisierte Individuen im Bereich des Nicht-Gesellschaftlichen, Nicht-Politischen, womit die gesellschaftliche Seite ihrer Existenz kaum zum Sprechen gebracht werden kann. Dieser Umstand erzeugt auch für diejenigen Bereiche gesellschaftlicher Arbeit Wirkung, die Frauen zugeschrieben werden, selbst wenn diese sich – sozusagen in einer ‚offensiven Übernahme des Stigmas' – dafür selbst als zuständig erklären. Der historische Zusammenhang und Prozess ist hier durchaus komplex und lässt sich mit vorschnellen Einschätzungen und Be- bzw. Ver-Urteilungen der „Geistigen Mütterlichkeit" nicht einfach erledigen (vgl. hierzu Maurer 2003, 2007; Maurer/Schröer 2002). Vielmehr wäre systematisch danach zu fragen, wie konkrete Praxis und Praktiken, wie Handlungen und Handlungsversuche (eben auch im Rahmen der

---

11 Normalisierungspolitiken erzeugen tatsächlich (potentiell) das Dilemma, dass die Relativierung von Differenz, die vor dem Hintergrund einer Hierarchisierung unterschiedlicher Aufgaben und Tätigkeiten tatsächlich Sinn macht (denn ‚Soziale Arbeit ist genauso wertvoll, notwendig und professionell wie die Arbeit von Juristen und Psychologen'), gleichzeitig die Kennzeichnung von Differenz (‚unser Aufgabengebiet ist ein besonderes, das nicht genauso gestaltet werden kann wie das der Medizin oder der Rechtspflege') im Sinne einer Markierung von Zuständigkeiten (z.B. ‚dafür ist die Soziale Arbeit zuständig, und nicht die Kinder- und Jugendpsychotherapie') erschweren kann.
12 Dieser Aspekt ergänzt und erhellt auch die weiter oben referierte Analyse von Böhnisch und Funk (2002).

„Geistigen Mütterlichkeit") rekonstruiert werden müssen, damit sie als ‚gesellschaftlich' in Erscheinung treten können (vgl. Maurer 1998). Es ist überdies zu fragen, inwiefern die von Frauen im Rahmen eines neuen ‚Frauenberufs' realisierte Soziale Arbeit auf das klassische Professionskonzept zurückwirkt(e)[13] – war und ist diese Arbeit doch im Schnittfeld der polar konzipierten Sphären ‚Öffentlichkeit' und ‚Privatheit' angesiedelt, arbeitet sozusagen an deren Grenzen und Übergängen – und verändert sie dadurch eben auch.

Von solchen Überlegungen ausgehend kann ein anderer Blick auf die Vor-Denkerinnen Sozialer Arbeit im Kontext der Frauenbewegungen um 1900 geworfen werden. Ich plädiere hier für ein ‚Wieder-Entdecken' und ‚Frei-Legen' von komplexen Praxisideen und Reflexionen, wie sie zum einen in der ‚Früh-Geschichte' Sozialer Arbeit weiblicher Akteure im ersten Drittel des 20. Jahrhunderts zu finden sind (vgl. hierzu auch Schröder 2001), zum anderen im Kontext feministischer Sozialarbeit seit den 1970er Jahren entwickelt und entfaltet wurden – auch letztere ist als Teil der Professionsgeschichte erst noch zu würdigen.

Feministische Kritik und Praktiken um 1900

Für viele bürgerliche Frauen um 1900 war die Soziale Arbeit eine der wenigen standesgemäßen Möglichkeiten, sich als aktiv Handelnde ‚in die Welt hinaus' zu begeben. Dietlinde Peters (1984) spricht mit Bezug auf ein Wort Alice Salomons nicht ohne Grund von der Sozialen Arbeit als der „neuen Welt der Frauen" und verweist damit auf das subjektiv-erregende und entdeckerische Element in den Expeditionen behüteter höherer Töchter in die Armutsviertel der Städte, wo sie – zum Teil mit großer Wissbegier und Neugierde – die Lebenswelten und Kulturen der ihnen fremden Klassen erforschten (vgl. auch Hering 1997).

Sowohl in der Rekonstruktion aus heutiger Sicht als auch mit Blick auf die zeitgenössischen Diskurse erscheint es nachvollziehbar, weshalb gerade der Weg Sozialer Arbeit eingeschlagen wurde: Mit Hilfe des Begründungskonzepts „geis-

---

13 Die Rede von einer ‚Semi-Profession' halte ich hier für ebenso wenig hilfreich wie den Versuch, Soziale Arbeit über mehr oder weniger komplizierte Denk- und Definitionsoperationen als Profession zu kennzeichnen, ohne dabei den Geschlechter-Bias im Professionskonzept selbst zu reflektieren. Hier entstehen meines Erachtens durchaus problematische Effekte, weil das – historisch in einer bestimmten Zeit, in einer bestimmten Entwicklungsphase einer neuen gesellschaftlichen Ordnung entstandene – Professionskonzept in vielen Beiträgen zur Professionsdebatte ahistorisch gelesen wird und von daher auch seine Veränderungen und Elastizität, wie sie bspw. von der Berufssoziologie rekonstruiert werden, aus dem Blick geraten. Im Kampf um Anerkennung orientiert man sich, so meine zugespitzte These, allzu oft an erstarrten, statischen Professionsmodellen.

tige" bzw. „soziale Mütterlichkeit" konnten Frauen sich auf die Sphären der außerhäuslichen Ökonomie, der Wissenschaft und der Politik beziehen, ohne allzu sehr in den Verdacht zu geraten, damit ihre ‚Weiblichkeit' aufzugeben.[14] Gleichzeitig konnten sie mit dieser ‚Selbstbeschränkung' auf eine sozusagen in den Staat hinein verlängerte ‚weibliche Sphäre' eventuellen Konkurrenz-Ängsten der Männer und real stattfindenden Abwehrkämpfen entgegenwirken.

Das seit dem 18. Jahrhundert mit Entstehung und Durchsetzung der bürgerlichen Gesellschaft konzipierte Verhältnis von Öffentlichkeit und Privatheit als zwei getrennt voneinander organisierten Sphären, die jeweils den Geschlechtern zugeordnet wurden, muss hier genauer in Betracht gezogen werden. Es strukturiert – zwar neben anderen Faktoren, aber doch zentral – das diskursive Feld, in dem sich Frauen mit ihren Wünschen, Vorstellungen und Überzeugungen mehr oder weniger bewusst und strategisch bewegten. Vereinfacht und zugespitzt könnte formuliert werden: Die Konstruktion der beiden Sphären Öffentlichkeit/ Privatheit als komplementäre ‚Gegenwelten', in denen jeweils andere Werte und Prinzipen gelten und repräsentiert sein sollten, ermöglichte erst die Disziplinierung der Körper und Wünsche der konkreten Personen, so dass die für den modernen Staat und die industrielle Produktion erforderlichen Bürger- und Arbeitstugenden entwickelt werden konnten. Im Medium dieser Konstruktion erschien die Sphäre der Privatheit scheinbar ‚naturwüchsig um die Frau herum organisiert' und Frauen wurden mit Hilfe biologistischer Argumentationen historisch immer wieder auf diesen Bereich verwiesen. Es handelt sich hier – das hat die Geschlechterforschung inzwischen deutlich gemacht – nicht zuletzt um Legitimationsstrategien für die Durchsetzung und Aufrechterhaltung spezifischer gesellschaftlicher Arbeitsteilungen und Machtbeziehungen, die durch die Geschlechterdifferenz markiert sind.

Die Ebene der kulturellen Bilder- und Bedeutungsproduktion darf dabei nicht mit den konkreten Lebenswirklichkeiten der Individuen verwechselt werden; es geht in der sozialwissenschaftlich-historischen Forschung vielmehr im-

---

14 Mit „Geistiger Mütterlichkeit" ist – vor dem Hintergrund einer idealistischen Geschlechterphilosophie – gemeint, dass Frauen ihr ‚spezifisch weibliches Wesen', das hier eng mit der grundsätzlichen Fähigkeit zur Mutterschaft verknüpft wird, über die Familie hinaus in Staat und Gesellschaft zum Wohle der Menschheit wirksam werden lassen können. Frauen erscheinen zur ‚Mütterlichkeit' befähigt, und zwar auch unabhängig von einer konkret gelebten Mutterschaft. Das war insbesondere für die vielen zölibatär lebenden, unverheirateten Frauen der Frauenbewegungen in der zweiten Hälfte des 19. und zu Beginn des 20. Jahrhunderts ein bedeutsames Selbstverständnis: Sie konnten ihr Frau-Sein also auch in „Geistiger Mütterlichkeit" zum Ausdruck bringen und unter Beweis stellen. Monika Simmel-Joachim deutet die Legitimationsnot dieser Frauen an, wenn sie von „Öffentlichkeit in Ehrbarkeit" spricht (Simmel-Joachim 1992, S. 44).

mer wieder um die Auslotung des Verhältnisses zwischen diskursiver Dimension und Lebensrealität (vgl. z.B. Wierling 1989). Gerade an der Differenz zwischen Diskurs und erfahrener, gelebter Realität entzünden sich Kämpfe um Ressourcen, um Teilhabe(chancen) und Lebensmöglichkeiten für Männer und Frauen. Die vorherrschenden kulturellen Bilder und Muster wirken in diesem Zusammenhang durchaus produktiv: Sie bringen das hervor, von dem sie sprechen. Sie strukturieren Wahrnehmungs- und Denkmöglichkeiten, Selbst-Verständnisse und Selbst-Bewusstsein, gesellschaftliche Ordnungsvorstellungen, aber auch utopisches Potential.

Wenn Frauen in der Gesellschaft des 19. und beginnenden 20. Jahrhunderts nicht der Status eines bürgerlichen (Rechts-)Subjekts zugestanden wurde, wenn sie aus der Idee des Gesellschaftsvertrags ebenso ausgeschlossen waren wie aus dem ‚Reich der Vernunft', so geschah dies bei gleichzeitiger Nutzung und Inanspruchnahme ihrer Kräfte und auf dem Weg ideologischer Einbindung in ein spezifisches kulturelles System der Zweigeschlechtlichkeit, das für Frauen offensichtlich auch (zumindest vordergründig) attraktive Optionen bereithielt. Aus der besonderen Position ‚eingeschlossen und ausgeschlossen zugleich' zu sein, entwickelten gerade die sogenannten gemäßigten bürgerlichen Frauen eine bestimmte Form der Kulturkritik. Es ist mit Iris Schröder zu fragen, inwiefern das Projekt „soziale Frauenarbeit" sich „auch als deutliche Kritik an bestehenden kommunal- und sozialpolitischen Entwürfen entwickelte" und ob es nicht – mehr als bisher in der Forschung geschehen – „als profilierter zeitgenössischer Beitrag der Frauenbewegung zur sozialen Reform im deutschen Kaiserreich zu interpretieren ist" (Schröder 1995, S. 371).

Verstellt erscheint ein solch weitergehender Blick auf die konkreten, nicht zuletzt sozialpolitischen Beiträge und Leistungen von Frauen um 1900 gelegentlich durch – allzu schnell das Thema abschließende – kritische Lesarten des damit zeitgenössisch verbundenen Konzeptes einer „Geistigen Mütterlichkeit". Ich teile die Auffassung, dass „Geistige Mütterlichkeit" kritisch befragt und hinterfragt werden muss, bin allerdings der Ansicht, dass die Kritik daran häufig zu kurz greift, und schlage demgegenüber eine veränderte Betrachtungsweise vor (vgl. Maurer 1998 und 2003). Der prekäre Bürgerinnen-Status von Frauen brachte insgesamt durchaus mehrdeutige soziale Politiken her, die – retrospektiv analysiert – zwischen der Erhöhung von Freiheitsgraden (im Sinne einer Erweiterung von Handlungsspielräumen) und „Emanzipationsfallen" (Maurer 2003) changieren.

Insgesamt scheinen die verschiedenen Facetten Sozialer Arbeit bürgerlicher Frauen um 1900 in ihrer widersprüchlichen Dynamik immer noch nicht angemessen ausgelotet. Bezogen auf die historische Rekonstruktion können dabei vielfältigere Perspektiven eingenommen werden, als bislang in der Geschichtsschreibung Sozialer Arbeit überwiegend geschehen. So ist bspw. für aktuelle Debatten um die sozialpolitische Dimension Sozialer Arbeit die kritische Rekonstruktion der sozialpolitischen Konzeptionen von Frauen, die auf dem Wege Sozialer Arbeit als aktiv Handelnde und Gestaltende an gesellschaftlichen Prozessen zu partizipieren suchten, sicherlich ein Gewinn.[15] Hier wären (geschlechter)theoretische Ansätze zu nutzen, die das gesellschaftlich und kulturell bedingte Handeln von Akteurinnen in spezifisch strukturierten Kräftefeldern zu denken ermöglichen.

Es stellt sich immer die Frage nach der konkreten Umsetzung gesellschaftlicher Strukturierungsprinzipien durch einzelne, Gruppen und Institutionen ‚vor Ort'. Hier kann sozusagen im Detail auch nach Bedeutungsverschiebungen, nach ‚Umnutzungen' und ‚Umdeutungen' im individuellen wie kollektiven Handeln gefragt werden. Im Blick auf die um 1900 neu entstehenden bzw. sich entfaltenden lokalen Kulturen des Sozialen schärft sich auch die Aufmerksamkeit für die kommunalen bzw. regionalen sozialen und politischen Milieus, die sozialen Beziehungsnetze, das soziale und kulturelle bzw. symbolische Kapital der Akteurinnen.

Jedenfalls ist die konzeptionelle Entwicklung der Sozialen Arbeit durch frauenbewegte bürgerliche Frauen zu Beginn des 20. Jahrhunderts sowohl kommunal wie überregional auf die sozialpolitische Dimension Sozialer Arbeit bezogen (vgl. z.B. Marie Baums frühe Studien als Fabrikinspektorin oder Alice Salomons „Soziale Diagnose" von 1926). Die Frage der Sozialintegration ist dabei häufig als bewusste Gestaltung des Klassengegensatzes mit der Perspektive der ‚Klassenversöhnung' ausformuliert und praktiziert worden. Auch wenn die dahinter liegende allgemeine Gesellschaftsvorstellung nicht im marxistischen Sinne als antikapitalistisch-kritisch bezeichnet werden kann, so machen doch auch die nicht-sozialistisch orientierten bürgerlichen Frauen – mit ihren Forschungen und Dokumentationen ebenso wie mit ihren Praxen – auf Strukturprobleme des Kapitalismus aufmerksam (wie etwa die Bedeutung der Reproduktionsarbeit). In ihren Bewegungen durchqueren sie die Sphären des Öffentlichen und Privaten in spezifischer Weise und nehmen dabei auch eine ‚Politisierung des Privaten' vor.

Feministische Kritik und Praktiken seit den 1970er Jahren

Vor dem Hintergrund der Neuen Frauenbewegung entwickelten feministische Sozialarbeiterinnen erneut[16] eine spezifische Aufmerksamkeit für Frauen als Adres-

---

15 Diese Konzeptionen müssen, regional und nach politischen und kulturellen Zugehörigkeiten differenziert, herausgearbeitet werden. – Vgl. etwa Schröder 2001.
16 Auch die im Kontext der ‚Alten' Frauenbewegung um 1900 realisierte ‚weibliche Sozialarbeit' hatte insbesondere Frauen und Kinder im Blick.

sat_innen; gleichzeitig fand eine äußerst kritische Selbstreflexion in Bezug auf die ‚Weiblichkeit' Sozialer Arbeit statt, die über die historische Rekonstruktion und eine feministische Lesart der Reproduktionsfunktion Sozialer Arbeit im gesellschaftlichen Kontext möglich wurde (vgl. etwa Info Sozialarbeit 1978; Beiträge zur feministischen Theorie und Praxis 2/1978). Damit konnte auch das bereits angedeutete Konfliktfeld thematisiert werden: die (umstrittene und tendenziell ‚verdeckte') Bedeutung der Kategorie Geschlecht – nicht nur in Bezug auf Problemwahrnehmungen und Problemdefinitionen, Angebotsplanung und Arbeitsstrategien (Seite der Adressat_innen), sondern auch in Bezug auf den Status der Profession und das professionelle Selbstverständnis (Seite der professionellen Akteure).

Im Verlauf der 1970er Jahre begannen Sozialarbeiterinnen damit, ihre Arbeit in feministischer Perspektive weiterzuentwickeln. Die Lebenssituationen von Mädchen und Frauen wurden nun im Kontext einer Analyse von Geschlechtermachtverhältnissen wahrgenommen. Die Kritik an geschlechterhierarchischem Denken bezog sich dabei durchaus auch auf die bisherigen Vorstellungen von einer ‚guten', ‚fortschrittlichen' Sozialen Arbeit. Wichtige Gesichtspunkte wie Bedürfnisorientierung oder Parteilichkeit und Bezugspunkte wie Emanzipation wurden dabei ‚feministisch rekonzeptualisiert' (vgl. Bitzan 1993). Wichtiges Medium hierfür war die Mädchen- oder Frauengruppe bzw. der ‚Frauenraum'.[17]

Die Entwicklung dieser ersten Praxisansätze mit feministischem Vorzeichen nach 1945 spielte sich im Schnittfeld dreier Dimensionen von Praxis ab: Da war zum einen die professionelle Praxis – die konkrete Erfahrung mit Frauen und Männern als Adressat_innen sowie mit deren jeweiligen Schwierigkeiten, aber auch die konkrete Erfahrung mit Geschlechter(macht)verhältnissen im eigenen Team oder im Kontext der Trägerstruktur. Da war zum anderen, für manche Kolleginnen, die politische Praxis in der Neuen Frauenbewegung.[18] Da war zum Dritten die individuelle Lebenspraxis jeder einzelnen Kollegin – ihre persönlichen Erfahrungen mit dem ‚Frau-Sein', das unter den widersprüchlichen, ambivalenten Bedingungen des sogenannten ‚weiblichen Lebenszusammenhangs' (Prokop) durchaus konfliktgeladen sein konnte. Diese drei Dimensionen von Pra-

---

17 Die Idee, geschlechtshomogene Räume zur Verfügung zu stellen, in denen sich Männer wie Frauen vom Druck geschlechtsrollenkonformer Selbst-Präsentation entlastet fühlen können, ist bis heute ein Kernstück Geschlecht reflektierender Sozialer Arbeit.

18 Viele Kolleginnen waren auch beteiligt an Consciousness-Raising-Gruppen – Frauengruppen, die versuchten, die persönliche Erfahrung in ihrer gesellschaftlichen Dimension zu begreifen und daraus politisches Bewusstsein und politisches Handeln zu entwickeln. Solche Gruppen haben maßgeblich zur Entwicklung einer feministischen Perspektive in der Sozialen Arbeit beigetragen; damit verbunden war ein vielschichtiger Qualifikationsprozess – im Hinblick auf eine kritische Praxisreflexion ebenso wie auf Theoriebildung (vgl. hierzu Maurer 1996; Brebeck 2007).

xis, diese unterschiedlichen Erfahrungsfelder spielen bis heute eine Rolle, wenn es um die Kategorie Geschlecht in der Praxis Sozialer Arbeit geht.

Die feministische Forschung zur subjektiven und gesellschaftlichen Bedeutung von Geschlecht, zu den Geschlechterverhältnissen als Macht- und Ungleichheitsverhältnissen kann in diesem Zusammenhang ebenfalls als spezifische innovative Praxis gekennzeichnet werden. Ihre Frage- und Problemstellungen wurden häufig aus der nicht-akademischen Praxis heraus entwickelt, ihre Befunde, Analysen und Denkangebote flossen in die professionelle, politische und individuelle Praxis zurück.

Gestützt durch die Autorität von (wissenschaftlichen) Expertinnen[19] konnten im Verlauf der 1980er Jahre geschlechterdifferenzierende Perspektiven und Praxen auf neue Weise in die öffentlichen, auch fachlichen Auseinandersetzungen eingebracht und als Themen und Aufgabenstellungen etabliert werden (vgl. hierzu auch Bitzan/Funk 1995; Bitzan/Daigler/Rosenfeld 1999a). Die bis dahin gewonnenen Erkenntnisse feministischer Professioneller gewannen in der gesellschaftlichen Wahrnehmung also an Bedeutung. Ohne die politische Kraft der Neuen Frauenbewegung wäre dieser Prozess allerdings kaum denkbar gewesen – die kollektive Arbeit vieler Frauen an vielen Orten verweist auf das kritisch-utopische Potential, mit dem bisherige Strukturen angegangen, aufgebrochen und auch verändert wurden.

Die Praxis feministischer Sozialarbeit entwickelte sich in gewisser Weise analog zur – durchaus kontroversen – Praxis der Frauengruppen und -projekte im Kontext der Neuen Frauenbewegung, überkreuzte sich dabei allerdings mit den konkreten professionellen Erfahrungen im Alltag und mit der eigenen Berufsrolle gegenüber Frauen und Männern in der Adressat_innenrolle. Meines Erachtens konnten gerade von daher immer wieder auch die problematischen Seiten der verschiedenen feministischen Emanzipationsmodelle hervortreten. An der feministisch orientierten Sozialarbeit lassen sich deshalb fast exemplarisch die widersprüchlichen Aspekte und mehrdeutigen Effekte von ‚Geschlecht' als Kategorie aufzeigen. Umgekehrt können die inzwischen breit und differenziert vorliegenden (selbst)kritischen Reflexionen im Rahmen feministischer Denk-Bewegungen zur Problematik der Kategorie ‚Geschlecht' für das Geschehen im Bereich Sozialer Arbeit produktiv genutzt werden.

Feministische Reflexionen und Politiken waren (und sind) zum einen Ausdruck gesellschaftlicher Umbruchsituationen, zum anderen haben sie deren weitere Entwicklung mit beeinflusst. Viele Benachteiligungen ‚qua Geschlecht' scheinen heute denn auch keine Rolle mehr zu spielen, der eigene Lebensent-

---

19 Hier ist vor allem an den Sechsten Jugendbericht zu denken.

wurf scheint – von Männern und Frauen – heute freier gewählt und mehr dem individuellen Management überlassen (‚Privatisierung der Lebensführung'). So ist bspw. der Anspruch auf eine gute Schulbildung heute eher ‚geschlechterneutral' – Ungleichheiten und Benachteiligungen scheinen wieder von ganz anderen Faktoren bestimmt (Migrationshintergrund, belastete Lebenslagen).

Damit stoßen wir an ein einfaches, ebenso banales wie reales Problem: Neue Selbstverständlichkeiten (z.B. Bildung für Mädchen) bedeuten auch eine erschwerte Thematisierbarkeit der – zumindest in der Vergangenheit – damit verbundenen (sozialen) Kämpfe. Mit den ‚Erfolgen', den Errungenschaften der frauenbewegten, frauenpolitischen Praxis verschwindet tendenziell ein gesellschaftlich geteiltes, verfügbares Problembewusstsein in Bezug auf nach wie vor existierende strukturelle Ungleichheit ‚qua Geschlecht' (auch wenn diese sich, je nach sozialem Kontext, sehr unterschiedlich darstellen kann).

An der gesellschaftlichen und familiären Arbeitsteilung zwischen Frauen und Männern hat sich – zumindest in ihren Erscheinungsformen – tatsächlich so einiges verändert; statistisch (und systematisch!) gesehen bleibt die Geschlechterarbeitsteilung dennoch seltsam beharrlich. Der damit angesprochene latente Geschlechterkonflikt ist gesellschaftlich jedoch nicht mehr so leicht thematisierbar – das ‚kollektive Wissen' früherer Frauengenerationen erscheint überdeckt und überlagert von den neuen Bildern der freien Wahl und des möglichen individuellen Erfolgs. Wenn von jungen Frauen vor diesem Hintergrund – z.B. mit der Geburt des ersten Kindes (oder auch nach der Promotion!) – dann doch wieder ein Zurückverwiesen-Werden auf ‚strukturell-weibliche Positionen' erfahren wird, so kann das nicht mehr so leicht als Effekt einer Geschlechterordnung wahrgenommen werden, sondern wird unter Umständen als individuelles Scheitern erlebt – muss scheinbar auch ganz individuell verarbeitet und bewältigt werden. Schließlich standen doch eigentlich alle Türen offen ...

Hier komme ich erneut auf denjenigen Strang feministischer Forschung und Theoriebildung zurück, der sich der genaueren Untersuchung von strukturellen Zusammenhängen und individuellen wie kollektiven, bewussten wie unbewussten Strategien und Praxen widmet, die real existierende Geschlechtermachtverhältnisse und deren subjektive wie objektive Effekte und Bedeutungen immer wieder – und dies sozusagen systematisch – der Wahrnehmung entziehen (vgl. Bitzan 1996; 2002). Michael Meuser, der in seinem Buch „Geschlecht und Männlichkeit" (1998) das Konzept hegemonialer Männlichkeit (Connell) mit Bourdieu's Habituskonzept verknüpft, zeigt indirekt, wie die ‚männliche Seite' des ‚Verdeckungszusammenhangs' als ‚Verkennung von Geschlecht' funktioniert: In der symbolischen Ordnung ist die Position des Mannes mit der Position des Menschen (sowie der universalistischen Idee des Allgemeinen; S.M.) identifiziert; der

Mann muss sich daher nicht in seiner Besonderheit, d.h. als Mann problematisieren, sondern kann sich ‚in schöner Allgemeinheit', d.h. in und mit den ‚Normalitäten' und ‚Selbstverständlichkeiten' habitueller Männlichkeit bewegen. Der symbolische Status der Frau hingegen ist mit der Idee der Differenz, der Idee des Partikularen identifiziert, sie wird in erster Linie – oder zumindest immer auch – als (potenziell problematisches) ‚Geschlechtswesen' konzipiert.

Kämpfe um eine Neugestaltung der Geschlechterordnung müssen diese ungleichen symbolischen Voraussetzungen reflektieren und berücksichtigen. Für Frauenbewegungen hat sich daraus immer wieder das Dilemma ergeben, sich einerseits auf den Status der Frau als ‚Geschlechtswesen' beziehen zu müssen (auch, um an die spezifischen gesellschaftlichen Erfahrungen als Frauen anzuknüpfen), und sich andererseits von diesem – historisch und kulturell als Reduktion konzipierten – Status befreien zu wollen (und damit ‚Geschlecht' in seiner Bedeutung womöglich wiederum zu ‚verkennen').

Sollen also Erfahrungen mit Kämpfen um die Neugestaltung der hierarchischen Geschlechterordnung an nachfolgende Generationen vermittelt werden, so sind darin auch die bereits angesprochenen Dilemmata und Schwierigkeiten eingeschlossen. Solche Traditionen erscheinen auf den ersten Blick vielleicht nicht sehr attraktiv, weil sie nicht vereindeutigt (und damit auch nicht vereinfacht) werden können. Oder werden Neugier, Interesse und Aufmerksamkeit der nachfolgenden Generation womöglich gerade dann geweckt, wenn sich die Geschichten als brüchige, als widersprüchliche zu erkennen geben? Ergeben sich womöglich gerade daraus die offenen Stellen, die als Anknüpfungspunkte für eine wirkliche Auseinandersetzung, gar Verständigung zwischen den Generationen dienen können? Ich denke, dass ein kultiviertes ‚gesellschaftliches Gedächtnis' das Bewusstsein für Genealogie – als Bewusstsein für die Geschichte der Fragen und Problematisierungen – (wieder)herstellen oder doch zumindest befördern kann. Mit dem Wissen über soziale Kämpfe der Vergangenheit entsteht eine andere Wahrnehmung der Konflikte der Gegenwart – die eigenen Erfahrungen können, mit zeitlicher Tiefe versehen, auf einer anderen Ebene reflektiert werden (dazu weiter unten mehr).

Frauenbewegung und Feminismus haben im Prozess der Geschichte neue Fragen gestellt und neue Zweifel angemeldet, haben neue Visionen in die Welt gesetzt und auch neue Setzungen vorgenommen, haben Wahrnehmungen und Erfahrungen von Frauen mit Bedeutung versehen – auch im Feld Sozialer Arbeit. Feministische Initiativen waren (und sind) auch im Feld Sozialer Arbeit innovativ wirksam, brachten und bringen Themen und Anliegen ins gesellschaftliche Spiel, entwickel(te)n eine neue Praxis und bilde(te)n dabei auch neue Strukturen aus. Eine Verflüssigung der Geschlechtergrenzen hat dabei stattgefunden. Neue

Lebensmöglichkeiten sind tatsächlich entstanden. Und doch bleibt immer wieder von neuem und genau zu bestimmen: Was verschwindet aus der Wahrnehmung und gesellschaftspolitischen Thematisierbarkeit?

Vor diesem Hintergrund plädiere ich für die Kultivierung eines gesellschaftlichen Gedächtnisses – ein Gedächtnis der sozialen Kämpfe (um Bedeutung, um Ressourcen, um Zugang und Zugehörigkeit), der Lebensentwürfe und -versuche. Ein Gedächtnis der damit verbundenen Hoffnungen und Sehnsüchte, Wünsche und Träume. Ein Gedächtnis der Mühen der Ebenen, des gelebten Alltags, im Gelingen und Misslingen. Auch ein Gedächtnis der Enttäuschungen, die auf dem Wege ihrer (gerade auch emotionalen) Bearbeitung und (selbst)kritischen Reflexion vielleicht wirklich zu Ent-Täuschungen werden können (um ein Wort von Ingeborg Bachmann zu verwenden).

2   GeschlechterUmOrdnungen in der Zukunft?

Feministische Praxen haben der Kritik an herkömmlichen Konzeptionen und Denkgewohnheiten eine neue Perspektive hinzugefügt und damit auch noch die bisherige Kritik kritisiert: Die ‚Logik' geschlechtsbezogener Ausblendungen und Verdeckungszusammenhänge ist deutlich geworden. Negierung und Abwertung weiblicher Arbeit und Erfahrung wurden als solche erkannt und kritisiert, in der Erkenntnis, dass ‚das Menschliche' sich als ‚Allgemeines' nur behaupten kann, wenn es die Erfahrungen und Perspektiven der Verschiedenen umfasst bzw. bewusst würdigt und anerkennt – und zwar unabhängig davon, ob sich die ‚Differenz' dabei aus ‚Geschlechtergrenzen' bestimmt oder noch anderen Grenzziehungen entstammt.

Die in den vielfältigen Konstellationen von Differenz nach wie vor enthaltenen – auch gewaltsamen – Einschlüsse und Ausschlüsse müssen als ‚soziale Ungleichheiten' nach wie vor thematisiert werden. Politisches Anliegen (nicht nur) feministischer Kritik und Selbstkritik war und ist es, diejenigen Mechanismen der Klassifizierung zu dekonstruieren, die zur Ausschließung führen. Hier ergibt sich meines Erachtens eine unmittelbare Beziehung zur Sozialen Arbeit, wenn sie sich als Profession versteht, für die Menschenrechte und soziale Gerechtigkeit maßgebliche Bezugspunkte sind.

An dieser Stelle möchte ich auf eine weitere systematische Verbindungslinie zwischen Sozialer Arbeit und Feminismus zu sprechen kommen. Soziale Arbeit hat sich in Wissenschaft und Praxis mit der Notwendigkeit des Handelns auseinander zusetzen, und kann sich dabei der normativen Dimension nicht entziehen. Meines Erachtens stellt dies nicht nur ein Problem, sondern auch eine spezifische Ressource dar. Gesellschafts- und Subjektperspektiven bzw. Mikro- und Makroebene sind in der Sozialen Arbeit auf besondere Weise vermittelt: Es geht dabei nicht nur um die Frage, warum unter bestimmten Rahmenbedingungen auf eine bestimmte Weise gehandelt wird, sondern auch darum, wie sich dieses Handeln verändern kann. Hier ist also eine spezifische Aufmerksamkeit für die Praktiken der Menschen ausgebildet worden – immer auch mit Blick auf Möglichkeiten der Entwicklung und Überschreitung des Gegebenen, in einer Perspektive der Erweiterung von Lebensmöglichkeiten.[20] Dass dabei auch kollektive Aspekte (wie Solidarität, Kooperation, gerechter Ausgleich) eine zentrale Rolle spielen, macht ebenfalls eine Schnittstelle zwischen Sozialer Arbeit und Feminismus aus. Einen entscheidenden Bezugspunkt hierfür bildet das kritisch-utopisch-normative Projekt der Menschen- und Bürgerrechte, das nicht zuletzt über die feministische Auseinandersetzung zu einem dynamischen und partizipatorischen Konzept hin geöffnet wurde (vgl. Gerhard 2000) – in Anerkennung von Partikularität und Differenz.

Meine Vision besteht nun darin, dass Akteur_innen der Sozialen Arbeit, in vollem Bewusstsein aller Schwierigkeiten, Dilemmata und Paradoxien, die dem ‚Komplex Soziale Arbeit' innewohnen,[21] dennoch so etwas wie ein ‚selbstkritisches Selbstbewusstsein' entwickeln können – ein Bewusstsein davon, dass sie eine Arbeit leisten, die gesellschaftlich wertvoll und von zentraler Bedeutung ist. Meine Vision besteht weiter darin, dass diese Arbeit von Frauen und Männern auf allen Hierarchiestufen und in allen Bereichen gleichermaßen geleistet wird, und dass das statistische Geschlecht hierbei keine Rolle mehr spielt. Meine Vision besteht schließlich darin, dass dies über drei Schritte historisch und gesellschaftlich möglich geworden ist:

- Dass Soziale Arbeit sich erstens ihrer historisch-kritischen Expertise vergewissert, die sie in Bezug auf die Thematisierung von gesellschaftlicher Ungleichheit sowie auf deren Be- und Verarbeitung hat. Hierzu muss auch der ‚Forumscharakter Sozialer Arbeit'[22] kultiviert und weiterentwickelt werden.

---

20 Gerade am Beispiel der feministisch orientierten Sozialarbeit lässt sich zeigen, dass die konkrete Auseinandersetzung mit den Lebensbewältigungsstrategien der Adressat_innen immer wieder zu (selbst)kritischen Weiterentwicklungen und Präzisierungen führt (vgl. Frauenfortbildungsgruppe Tübingen 1995; Brebeck 2007).
21 Ich denke hier unter anderem an die Normalisierungs-, Disziplinierungs- und Kontrollfunktion(en) Sozialer Arbeit.
22 Soziale Arbeit kann prinzipiell zur „Klärungshilfe im Prozess der Selbstbefreiung" werden, und zwar in Bezug auf die individuelle wie die gesellschaftliche Dimension (Befreiung zu sich selbst, Befreiung zur Gesellschaft), indem sie für die einzelnen und Gruppen reflexive Räume eröffnet

- Dass zweitens Bedürftigkeit und Menschenrecht, Gerechtigkeit und Fürsorglichkeit nicht mehr auseinandergedacht werden; dies käme einer tiefgreifenden Veränderung unserer gesellschaftlichen Ordnung – und damit auch der überlieferten Geschlechterordnung – gleich und würde die gesellschaftliche Anerkennung von Sorgetätigkeit auch im Kontext staatsbürgerlicher Praxis ermöglichen (vgl. Tronto 2000; Brückner 2000).
- Dass drittens die Einsicht konsequent weitergedacht wird, dass Geschlecht ‚relativ' und doch ‚von Bedeutung' ist, und dass dabei die Expertise aus Frauenbewegungen und feministischen Erkenntnisperspektiven genutzt wird.

Schließlich dürfte in einem solchen Veränderungsprozess, sozusagen ‚zurück in die Zukunft', die Geschichte der Auseinandersetzungen um Geschlecht nicht vergessen werden.

3 Wegweisende Perspektiven

Die Thematisierung von Geschlecht geschieht in einem komplexen Spannungsverhältnis zwischen Dramatisierung und Relativierung der Geschlechterdifferenz. So erscheint die Rede von Geschlechterdifferenzen im Hinblick auf die in der Sozialen Arbeit Tätigen auf der einen Seite durchaus als notwendig und berechtigt; gleichzeitig hat die Betonung unterschiedlicher Situationen von Frauen und Männern neben der politisch unumgänglichen immer auch eine problematische Seite: Sie kann – sozusagen gegen die eigene (emanzipatorische) Absicht – zur Bestätigung von Zuschreibungen qua Geschlecht werden. Anstatt die Kategorie Geschlecht als unhinterfragte Denkvoraussetzung und vereindeutigende Markierung zu benutzen, sollte sie von daher eher als – gesellschaftliches wie individuelles – Konfliktfeld ins Auge gefasst werden. Ein diesbezügliches Problembewusstsein wurde in der Praxis feministischer Sozialarbeit selbst durchaus entwickelt (vgl. etwa Frauenfortbildungsgruppe Tübingen 1995).

Zwei Perspektiven erscheinen mir hier besonders aussichtsreich: Zum einen die Auseinandersetzung mit ‚Care' im Verhältnis zu Demokratietheorie, also mit „Demokratie als fürsorgliche[r] Praxis" (vgl. Tronto 2000) und mit Fürsorglichkeit als demokratische[r] Praxis. Zum anderen die Ausarbeitung der „Gedächtnisfunktion Sozialer Arbeit" (vgl. Maurer 2005) als Bestandteil eines veränderten

---

und gleichzeitig zur Schaffung von Öffentlichkeiten beiträgt, in denen Anliegen, Interessen und Bedürfnisse artikuliert und verhandelt werden können (vgl. hierzu auch Fraser 1994).

Professionsverständnisses. Auf beide Perspektiven werde ich abschließend noch kurz eingehen.

Caring als Herausforderung für Sozialpolitik und Geschlechterdemokratie

In den letzten Jahren wurde zunehmend auch im deutschsprachigen Raum die Debatte um eine Care-Ethik sowie um eine „Fürsorgerationalität" aufgegriffen (vgl. insbesondere Brückner 2000; 2003). Macht- und Abhängigkeitsverhältnisse in Care-Situationen werden dabei rekonstruiert und problematisiert und dabei in neuer Weise mit demokratietheoretischen Beiträgen verknüpft (vgl. Tronto 2000). So stellt sich theoretisch wie praktisch etwa die Frage, wie die Unmittelbarkeit der personenbezogenen Dienstleistung und der Anspruch auf Versorgung im Kontext von Solidargemeinschaften mit dem Anspruch auf Teilhabe im Rahmen einer demokratischen Gesellschaft vermittelt werden können. Um dieser Frage nachzugehen, müssen Gesellschafts-, Staats- und Demokratietheorien gleichermaßen daraufhin untersucht werden, inwieweit sie der Bedürftigkeit der Menschen systematisch Rechnung tragen. Wird die Praxis des Caring bspw. als gesellschaftliche Arbeit konzeptualisiert, die auch kollektiv getragen, gestützt, verantwortet (und im Zweifelsfall auch demokratisch kontrolliert) wird? Oder verschwindet sie – im Rahmen einer spezifischen Geschlechter-Arbeits-Ordnung – tendenziell im Bereich des ‚Privaten'?

Studien in feministischer Perspektive haben (Denk-)Voraussetzungen und konkrete Entwicklungen spezifischer Kulturen des Care in unterschiedlichen Wohlfahrtsregimes ansatzweise herausgearbeitet. Damit sind immer auch Verhältnisse und Übergänge zwischen der Care-Arbeit im ‚Öffentlichen' und ‚Privaten' angesprochen – sowie deren institutionelle Vermittlung oder Rahmung. Professionsforschung in Bezug auf soziale, helfende Berufe und Forschung zur konkreten Ausgestaltung von sozialen Dienstleistungen kann zeigen, dass Geschlechter-Macht-Verhältnisse hier nicht einfach auf die Fragen reduziert werden können, ob Männer oder Frauen eine bestimmte Arbeit tun; vielmehr ist danach zu fragen, wer an welchem Ort (und in welchem institutionellen Rahmen) welche Arbeit macht, ob und wie diese Arbeit mit gesellschaftlicher Anerkennung versehen wird und inwiefern sie zu demokratischer Teilhabe im gesamtgesellschaftlichen Raum beitragen kann. Vor dem Hintergrund eines weitreichenden Umbaus des Sozialstaates und der Zunahme prekärer Erwerbsarbeitsverhältnisse, eröffnet sich hier ein interessantes und notwendiges Reflexions- und Forschungsfeld.

Thematisierungsmacht und Gedächtnis der Konflikte

Ich begreife Soziale Arbeit als kollektive gesellschaftliche Akteurin,[23] die von gesellschaftlichen Umbrüchen und Veränderungsprozessen nicht nur ‚betroffen' ist, sondern jene auch mit hervorbringt. Diese Perspektive ist eine historische (genealogische), mit analytischen Potenzialen für die Gegenwart und auch für die Zukunft.

Moderne Soziale Arbeit, im Zuge der ‚Industriellen Revolution' und mit der Herausbildung der ‚Bürgerlichen Gesellschaft' entstanden, repräsentiert nicht nur den Versuch einer ‚lindernden' (oder auch ‚beschwichtigenden') ‚Antwort' auf die sozialen Konflikte und Kämpfe der Zeit, sondern auch den Versuch, die (individuelle wie kollektive) menschliche Erfahrung von Elend, Not und Bedürftigkeit gesamtgesellschaftlich zum Thema zu machen.[24] In meiner Perspektive kann und muss Soziale Arbeit von daher – neben (und auch mittels!) ihrer subjektivierenden und normalisierenden Praktiken und Effekte – auch als Akteurin der (kritischen) Problematisierung sozialer Konflikte betrachtet werden.

Die jeweils aktuellen Erscheinungsweisen Sozialer Arbeit in einer Gesellschaft repräsentieren historisch durchaus kontroverse Auseinandersetzungen mit Ungleichheit, Ungerechtigkeit und Ausschluss. Sie repräsentieren bestimmte Wahrnehmungen sozialer Probleme ebenso wie bestimmte Perspektiven und nicht zuletzt Politiken der Praxis des Umgangs mit gesellschaftlichem Wandel und sozialen Konflikten. Und sie tun dies in den – ansonsten so verschiedenen – Dimensionen ihrer Problemwahrnehmungen und (zumindest versuchten) Problembearbeitungen, ihrer Arbeitskonzepte und Verfahren, ihrer theoretischen wie

---

23   Das bedeutet in meiner Lesart nicht, Sozialer Arbeit in irgendeiner Vorstellung von ‚Gesamtheit' bewusst kollektives, absichtsvolles Handeln oder auch homogene Wirksamkeiten zuzuschreiben. Es bedeutet vielmehr (ob historisch oder empirisch) die vielen kleinen Prozesse zu rekonstruieren, in denen sich die Gesamtentwicklung Sozialer Arbeit vollzieht; es bedeutet, deren – durchaus heterogene – Effekte zu untersuchen, um die – meist unerwarteten – offenen Stellen wahrnehmen zu können, die als Eingriffspunkte für veränderndes Handeln genutzt werden könn(t)en. Es handelt sich hier also um einen spezifischen Begriff von Kollektivität, in den die Qualitäten von Dissens, Verschiedenheit und Vielfalt bewusst einbezogen sind. Wenn Soziale Arbeit ihre Expertise in Bezug auf Wahrnehmung, Thematisierung und praktische Bearbeitung von Sozialen Fragen und Problemlagen im gesellschaftlichen Raum offensiv zur Geltung bringt, dabei deren gesellschaftliche (und konflikthafte) Dimension nicht vernachlässigt, und gleichzeitig kollektive Räume herstellt und kultiviert, in denen auch selbstkritische und kontroverse Auseinandersetzungen möglich sind, kann sie sich als ‚kollektive Akteurin' immer wieder neu ins Verhältnis zur Gesamtgesellschaft setzen und dabei auch sich selbst kritisch überarbeiten. Meines Erachtens ist eine (Re-)Konstruktion und Belebung der politischen Dimension Sozialer Arbeit ohne solche Räume und Praxen des Kollektiven unmöglich.

24   Hier ergibt sich die Querverbindung zur Auseinandersetzung mit ‚Care' – und damit auch die Brisanz für die vorherrschende Geschlechterordnung.

methodischen Instrumentarien, ihrer Institutionen und Trägerschaften, ihrer konkreten Handlungsweisen und Settings im Alltag.

Mit diesen Überlegungen möchte ich die Aufmerksamkeit auf eine Dimension Sozialer Arbeit lenken, die bislang nicht bedacht wurde – ihre Funktion als ‚Gedächtnisort' für soziale Konflikte in Vergangenheit und Gegenwart. Entscheidend ist ein solches Gedächtnis – letztlich eine Expertise für soziale Konflikte – im Hinblick auf die sich unterscheidenden (Lebens-)Möglichkeiten der Menschen, ihre Erfahrungen mit Verhältnissen von Ungleichheit und Abwertung, die sozialen Probleme sowie die Prozesse, die jene konstituieren und definieren.

Meine These in diesem Zusammenhang lautet, dass der Komplex ‚Soziale Arbeit' auf spezifischen gesellschaftlichen Erfahrungen beruht, die es immer wieder zu rekonstruieren und freizulegen gilt, will Soziale Arbeit als Disziplin wie Profession ihre (selbst-)kritische Reflexivität wahren, kultivieren und angesichts der jeweils aktuell anstehenden gesellschaftlichen Herausforderungen zum Einsatz bringen. Ich schlage von daher die Denkfigur vor, Soziale Arbeit als ‚Gedächtnis gesellschaftlicher Konflikte' aufzufassen (vgl. Maurer 2005). Wenn die Gedächtnisfunktion Sozialer Arbeit herausgearbeitet wird, können die in Institutionen, Konzepten, Theorien und Praxen eingelagerten, ‚gespeicherten' sozialen Fragen und soziale Kämpfe sowie die darin ebenfalls gespeicherten ‚Antworten im Medium Sozialer Arbeit' als ‚gesellschaftliche Erfahrungen' einer erneuten Auswertung und kritischen Weiterbearbeitung zugänglich gemacht werden.[25]

Ein solcher Zugang könnte überdies dazu beitragen, die in der Sozialen Arbeit virulenten – und sie mitkonstituierenden – Geschlechtermachtverhältnisse aus ihrer ‚Verdeckung' herauszuholen.

Mit der Denkfigur ‚Soziale Arbeit als gesellschaftliches Gedächtnis der Konflikte' soll nicht zuletzt die Möglichkeit zur Diskussion gestellt werden, dass das gesellschaftlich umkämpfte und hinterfragte Feld ‚Soziale Arbeit' Selbst-Bewusstsein und Stärke nicht unbedingt daraus bezieht, dass Spannungen, Widersprüche und fragmentarische, prekäre Zustände neutralisiert werden, sondern indem lebendige, auch unbequeme und mühselige Prozesse der Reflexion, des Erinnerns und der (Selbst-)Kritik kultiviert werden. Hier haben so manche Strömungen einer feministisch orientierten Sozialen Arbeit zweifelsohne einen gewissen Vorsprung.

---

25 Was bedeutet es vor einem solchen Hintergrund beispielsweise, dass Soziale Arbeit sich überwiegend dem Individuum zugewandt hat? Inwiefern wäre eine solche ‚individualisierende' Perspektive auch als kritisch-utopische ‚Antwort' auf historische Erfahrungen zu rekonstruieren? Mit durchaus normativen Effekten. Die Geschichte der Sozialen Arbeit ist eben immer auch eine Geschichte der kritischen Auseinandersetzung mit den eigenen Grenzen ...

Literatur

Beiträge zur feministischen Theorie und Praxis 2/1978 München. (Redaktion: Sozialwissenschaftliche Forschung und Praxis für Frauen e.v.)

Bitzan, Maria (1993): Parteilichkeit zwischen Politik und Professionalität. In: Heiliger, Anita/Kuhne, Tina (1993) (Hrsg.): Feministische Mädchenpolitik. München: 196-206.

Bitzan, Maria (1996): Geschlechterhierarchie als kollektiver Realitätsverlust – zum Verhältnis von Alltagstheorie und Feminismus. In: Grunwald, K. (Hrsg.): Alltag, Nichtalltägliches und die Lebenswelt. Beiträge zur lebensweltorientierten Sozialpädagogik. München/Weinheim.

Bitzan, Maria (2000): Konflikt und Eigensinn. In: Neue Praxis. 30. Jg., Heft 4, S. 335-346

Bitzan, Maria (2002): Sozialpolitische Ver- und Entdeckungen. Geschlechterkonflikte und Soziale Arbeit. In: Widersprüche, 22. Jg., Heft 84: 27-43.

Bitzan, Maria (2003): Geschlechtsbezogene Bildung in der Kinder- und Jugendarbeit. Subjektbezug oder kategorialer Ansatz – die falsche Alternative. In: Lindner, Werner/Thole, Werner/Weber, Jochen (Hrsg.): Kinder- und Jugendarbeit als Bildungsprojekt. Opladen, S. 139-152

Bitzan, Maria/Funk, Heide (1995): Geschlechtsdifferenzierung als Qualifizierung der Jugendhilfeplanung. Grundlagen eines feministischen Planungsverständnisses. In: Bolay, Eberhard/Herrmann, Franz (Hrsg.): Jugendhilfeplanung als politischer Prozess. Neuwied, S. 71-124.

Bitzan, Maria/Daigler, Claudia/Rosenfeld, Edda (1999a): Jugendhilfeplanung im Interesse von Mädchen. In: SPI Berlin (Hrsg.): Neue Maßstäbe. Mädchen in der Jugendhilfeplanung. Berlin, S. 9-16.

Bitzan, Maria/Daigler, Claudia/Rosenfeld, Edda (1999b): Der doppelte Blick. Quer denken und strategisch handeln. In: SPI Berlin (Hrsg.): Neue Maßstäbe. Mädchen in der Jugendhilfeplanung. Berlin, S. 178-188.

Böhnisch, Lothar/Funk, Heide (2002): Soziale Arbeit und Geschlecht. Theoretische und praktische Orientierungen. Weinheim und München.

Böhnisch, Lothar/Arnold, Helmut/Schröer, Wolfgang (1999): Sozialpolitik. Eine sozialwissenschaftliche Einführung. Weinheim und München.

Brebeck, Andrea (2007): Die Wissensbestände der Akteurinnen im Feld von Feministischer Mädchenarbeit – Ein Beitrag zur reflexiven Professionalität. Eine empirische Untersuchung (Dissertation). Universität Marburg.

Brückner, Margrit (2000): Care Work jenseits von Caritas? Frauenprojekte im Kontext feministischer Sozialstaatsanalysen. In: Feministische Studien extra (2000), S. 43-53

Brückner, Margrit (2003a): Hat Soziale Arbeit ein Geschlecht? Gender als Strukturkategorie In: König, Joachim/Oertel, Christian/Puch, Hans-Joachim (Hrsg.): Soziale Arbeit im gesellschaftlichen Wandel: Ziele, Inhalte, Strategien; Consozial 2002. Starnberg, S. 187-202.

Brückner, Margrit (2003b): Der gesellschaftliche Umgang mit zwischenmenschlicher Abhängigkeit und Sorgetätigkeiten. In: Neue Praxis 33, 2, S. 162-163.
Bührmann, Andrea (1998): Die Normalisierung der Geschlechter in Geschlechterdispositiven. In: Bublitz, Hannelore (Hrsg.): Das Geschlecht der Moderne. Genealogie und Archäologie der Geschlechterdifferenz. Frankfurt a. M./New York, S. 71-94.
Cloos, Peter/Züchner, Ivo (2002): Das Personal der Sozialen Arbeit. Größe und Zusammensetzung eines schwer zu vermessenden Feldes. In: Thole, Werner (Hrsg.): Grundriss Soziale Arbeit. Ein einführendes Handbuch. Opladen, S. 705-724.
Eckart, Christel (2000): Zeit zum Sorgen. Fürsorgliche Praxis als regulative Idee der Zeitpolitik. In: Feministische Studien extra, S. 9-24.
Ehlert, Gudrun/Funk, Heide (2008): Strukturelle Aspekte der Profession im Geschlechterverhältnis. In: Bütow, Birgit/Chassé, Karl August/Hirt, Rainer (Hrsg.): Soziale Arbeit nach dem Sozialpädagogischen Jahrhundert. Zur Positionsbestimmung Sozialer Arbeit im Postwohlfahrtsstaat. Opladen/Farmington Hills, S. 177-190.
Feministische Studien extra (2000): Fürsorge – Anerkennung – Arbeit. 18. Jahrgang. (Redaktion: Christel Eckhart und Eva Senghaas-Knobloch)
Fendrich, Sandra/Fuchs-Rechlin, Kirsten/Pothmann, Jens/Schilling, Matthias (2006): Ohne Männer? Verteilung der Geschlechter in der Kinder- und Jugendhilfe. In: DJI-Bulletin 75, 2/2006, S. 22-27.
Fraser, Nancy (1994): Widerspenstige Praktiken. Frankfurt a. M.
Fraser, Nancy/Gordon, Linda (1994): ‚Dependency' demystified: Inscriptions of Power in a Keyword of the Welfare State. In: Social Politics. Vol. 1, No. 1, S. 4-31.
Frauenfortbildungsgruppe Tübingen (1995): „... dass eine anders ist und wie sie anders ist." Frauenbildung als Kontroverse. Tübingen (Selbstverlag).
Friebertshäuser, Barbara/Jakob, Gisela/Klees-Möller, Renate (Hrsg.) (1997): Sozialpädagogik im Blick der Frauenforschung, Weinheim.
Friese, Marianne/Thiessen, Barbara (2003): Kompetenzentwicklung im personenbezogenen Dienstleistungsbereich – Aufwertung und Entgendering-Prozesse, in: Dies., Geschlechterverhältnisse im Dienstleistungssektor. Dynamiken, Differenzierungen und neue Horizonte. Baden-Baden, S. 79-90
Funk, Heide (1988): Vater Staat und Mutter Pflicht. In: Erler, Gisela/Jaeckel, Monika (Hrsg.): Weibliche Ökonomie, München, S. 133-150.
Gerhard, Ute (2000): Für ein dynamisches und partizipatorisches Konzept von Grund- und Menschenrechten auch für Frauen. In: Das Argument, Jg. 42, H. 234 („Wie universell sind die Menschenrechte?"), Berlin, S. 9-25.
Gildemeister, Regine/Wetterer, Angelika (Hrsg.) (2007): Erosion oder Reproduktion geschlechtlicher Differenzierung? Widersprüchliche Entwicklungen in professionalisierten Berufsfeldern und Organisationen. Münster.
Hering, Sabine (1997): Die Anfänge der Frauenforschung in der Sozialpädagogik. In: Barbara Friebertshäuser/Gisela Jakob/Renate Klees-Möller (Hrsg.): Sozialpädagogik im Blick der Frauenforschung, Weinheim, S. 31-43.
Info Sozialarbeit (1978): Frauen und Sozialarbeit. Heft 23. Offenbach.
Kagerbauer, Linda (2008): Hier sind wir! Junge feministische Sozialpädagoginnen und ihre Aufforderung zu einem Dialog der Generationen. Darmstadt

Kessl, Fabian/Otto, Hans-Uwe (Hrsg.) (2009): Soziale Arbeit ohne Wohlfahrtsstaat? Zeitdiagnosen, Problematisierungen und Perspektiven. Weinheim

Maurer, Susanne (1996): Zwischen Zuschreibung und Selbstgestaltung. Feministische Identitätspolitiken im Kräftefeld von Kritik, Norm und Utopie, Tübingen.

Maurer, Susanne (1998): Teilhabe und (Selbst-)Begrenzung. Bürgerliche Frauen und Soziale Arbeit in Deutschland (1870 bis 1920): Vergesellschaftungsstrategien im lokalen Kräftefeld. In: Schröer, Wolfgang (Red.): Auf der Suche nach einem Verhältnis von Öffentlichem und Privatem im Wohlfahrtswesen. Beiträge zum 1. Fachtreffen: Historische Sozialpädagogik/Sozialarbeit. Dresden, S. 19-45.

Maurer, Susanne (2001a): Das Soziale und die Differenz. Zur (De-)Thematisierung von Differenz in der Sozialpädagogik. In: Lutz, Helma/Wenning, Norbert (Hrsg.): Unterschiedlich verschieden. Differenz in der Erziehungswissenschaft. Opladen

Maurer, Susanne (2001b): Soziale Arbeit als Frauenberuf. In: Otto, Hans-Uwe/Thiersch, Hans (Hrsg.): Handbuch zur Sozialarbeit/Sozialpädagogik. Neuwied, S. 1598-1604.

Maurer, Susanne (2003): Geistige Mütterlichkeit als Emanzipationsfalle? Bürgerliche Frauen im 19. Jahrhundert kämpfen um Individualität und gesellschaftliche Teilhabe. In: Ludwig, Johanna/Nagelschmidt, Ilse/Schötz, Susanne (Hrsg.): Leben ist Streben. Das erste Auguste-Schmidt-Buch. Leipzig, S. 247-265.

Maurer, Susanne (2005): Geschichte Sozialer Arbeit als Gedächtnis gesellschaftlicher Konflikte. Überlegungen zu einer reflexiven Historiographie in der Sozialpädagogik. In: Konrad, Franz-Michael (Hrsg.): Sozialpädagogik im Wandel. Historische Skizzen. Münster, S. 11-33.

Maurer, Susanne (2007): „Dem Reich der Freiheit werb' ich..." – Prekärer Bürgerinnen-Status und soziale Politiken im Kontext der Frauenbewegung. In: Dollinger, Bernd/Müller, Carsten/Schröer, Wolfgang (Hrsg.): Die sozialpädagogische Erziehung des Bürgers. Entwürfe zur Konstitution der modernen Gesellschaft. Wiesbaden, S. 93-117.

Maurer, Susanne/Schröer, Wolfgang (2002): "Ich kreise um ..." – Die Bildungstheorie der Mitte am Beispiel Gertrud Bäumer. In: Liegle, Ludwig/Treptow, Rainer (Hrsg.): Welten der Bildung in der Pädagogik der frühen Kindheit und der Sozialpädagogik, Freiburg im Breisgau, S. 288-306.

Meuser, Michael (1998): Geschlecht und Männlichkeit. Soziologische Theorie und kulturelle Deutungsmuster, Opladen 1998.

Peters, Dietlinde (1984): Mütterlichkeit im Kaiserreich. Die bürgerliche Frauenbewegung und der soziale Beruf der Frau, Bielefeld

Rabe-Kleeberg, Ursula (1997): Frauen in sozialen Berufen – (k)eine Chance auf Professionalisierung? In: Barbara Friebertshäuser/Gisela Jakob/Renate Klees-Möller (Hrsg.): Sozialpädagogik im Blick der Frauenforschung, S. 59-69.

Reinl, Heidi (1997): Ist die Armut weiblich? Über die Ungleichheit der Geschlechter im Sozialstaat. In: Müller, Siegfried/Otto, Ulrich (Hrsg.): Armut im Sozialstaat – Gesellschaftliche Analysen und sozialpolitische Konsequenzen, Neuwied/Kriftel/Berlin, S. 113-133.

Salomon, Alice (1926): Soziale Diagnose. Berlin.
Schröder, Iris (1995): Wohlfahrt, Frauenfrage und Geschlechterpolitik. Konzeptionen der Frauenbewegung zur kommunalen Sozialpolitik im Deutschen Kaiserreich 1871-1914. In: Geschichte und Gesellschaft, Heft 3, Jg. 21, S. 368-390.
Schröder, Iris (2001): Arbeiten für eine bessere Welt. Frauenbewegung und Sozialreform 1890-1914, Frankfurt am Main.
Simmel-Joachim, Monika (1992): Frauen in der Geschichte der sozialen Arbeit – zwischen Anpassung und Widerstand. In: Christa Cremer/Christiane Bader/Anne Dudeck (Hrsg.): Frauen in sozialer Arbeit. Zur Theorie und Praxis feministischer Bildungs- und Sozialarbeit, Weinheim/München, S. 42-59
Tronto, Joan (2000): Demokratie als fürsorgliche Praxis. In: Feministische Studien extra (2000), S. 25-42.
Weber, Susanne/Maurer, Susanne (Hrsg.) (2006): Gouvernementalität und Erziehungswissenschaft. Wissen – Macht – Transformation. Wiesbaden.
Wenta, Anke (1997): Individualität serienmäßig. Zur Produktivität der Kategorie Macht für die Praxis der Sozialpädagogik am Beispiel des Rassismus (unveröffentlichte Diplomarbeit) Tübingen.
Wetterer, Angelika (1995): Dekonstruktion und Alltagshandeln. Die (möglichen) Grenzen der Vergeschlechtlichung von Berufsarbeit. In: Wetterer, Angelika (Hrsg.): Die soziale Konstruktion von Geschlecht in Professionalisierungsprozessen. Frankfurt a. M. u. a., S. 223-246.
Wierling, Dorothee (1989): Alltagsgeschichte und Geschichte der Geschlechterbeziehungen. Über historische und historiographische Verhältnisse. In: Alf Lüdtke (Hrsg.): Alltagsgeschichte. Frankfurt am Main/New York, S. 169-190.

Autorinnen und Autoren

Böllert, Karin, Prof. Dr., Professorin für Erziehungswissenschaft mit dem Schwerpunkt Sozialpädagogik am Institut für Erziehungswissenschaft, Abtlg. II: Sozialpädagogik der Westfälischen Wilhelms-Universität Münster. Arbeitsschwerpunkte: Theorien der Sozialen Arbeit, Soziale Arbeit/Sozialpolitik und sozialer Wandel, Kinder- und Jugendhilfe
Kontakt: kaboe@uni-muenster.de

Brückner, Margit, Prof. Dr., Professorin für Soziologie, Frauenforschung und Supervision am Fachbereich Soziale Arbeit und Gesundheit der Fachhochschule Frankfurt am Main. Arbeitsschwerpunkte: Geschichte, Struktur, Methoden und Arbeitsfelder der Sozialen Arbeit, Geschlechtertheoretiche Ansätze, Gewalt gegen Frauen, Frauenhausbewegung, Frauenprojekte und Soziale Arbeit, berufliche Identität von Frauen, Wohlfahrtsregime und Sorgetätigkeiten („Care-Debatte"), Praxisreflexion, Supervision, Selbsterfahrung.
Kontakt: brueckn@fb4.fh-frankfurt.de

Faulstich-Wieland, Hannelore, Prof. Dr., Professorin für Erziehungswissenschaft am Fachbereich Erziehungswissenschaft 1: Allgemeine, Interkulturelle und International vergleichende Erziehungswissenschaft der Universität Hamburg. Arbeitsschwerpunkt: Schulpädagogik unter besonderer Berücksichtigung von Sozialisationsforschung.
Kontakt: H.Faulstich-Wieland@uni-hamburg.de

Frings, Dorothee, Prof. Dr., Professorin für Verfassungs- und Allgemeines Verwaltungsrecht sowie Sozialrecht am Fachbereich 06, Sozialwesen der Hochschule Niederrhein in Mönchengladbach. Arbeitsschwerpunkt: Recht für Zuwanderer.
Kontakt: Dorothee.Frings@hs-niederrhein.de

Heite, Catrin, Dr., akademische Rätin an der Westfälischen Wilhelms-Universität Münster, Institut für Erziehungswissenschaft, Abtlg. II: Sozialpädagogik, Arbeitsschwerpunkte: Professionalisierung Sozialer Arbeit, Gendertheorien, Diversity und Anerkennung
Kontakt: catrin.heite@uni-muenster.de

Maurer, Susanne, Prof. Dr., Professorin für Erziehungswissenschaft/Sozialpädagogik an der Philipps-Universität Marburg. Arbeitsinteressen: Weiterentwicklung historischer, feministischer und gesellschaftstheoretischer Perspektiven in der Sozialpädagogik; Forschung und Theoriebildung in kritischer Absicht; biographische und ethnographische Zugänge in Theorie und Praxis Sozialer Arbeit.
Kontakt: maurer@staff.uni-marburg.de

Stiegler, Barbara, Dr., Leiterin des Arbeitsbereiches Frauen- und Geschlechterforschung in der Abteilung Wirtschafts- und Sozialpolitik der Friedrich-Ebert-Stiftung.
Kontakt: barbara.stiegler@fes.de

Handbücher Soziale Arbeit

Kirsten Aner / Ute Karl (Hrsg.)
Handbuch Soziale Arbeit und Alter
2010. 548 S. Br. EUR 49,95
ISBN 978-3-531-15560-9

Soziale Arbeit für und mit älteren und alten Menschen meint mehr als nur Altenhilfe. Vor dem Hintergrund des demografischen Wandels, der vor allem eine Zunahme der Altenpopulation mit sich bringt, eröffnet sich ein breites Handlungsfeld für die Soziale Arbeit. Mit dem Handbuch werden zum einen die gegenwärtigen Strukturprobleme sozialer Altenarbeit aufgezeigt und gleichzeitig wird das Spektrum, das weit über die reine ‚Altenpflege' hinaus geht, vorgestellt.

Stefan Maykus / Reinhold Schone (Hrsg.)
Handbuch Jugendhilfeplanung
Grundlagen, Anforderungen und Perspektiven
3., vollst. überarb. u. akt. Aufl. 2010.
431 S. Br. EUR 49,95
ISBN 978-3-531-17039-8

Bernd Dollinger / Henning Schmidt-Semisch (Hrsg.)
Handbuch Jugendkriminalität
Kriminologie und Sozialpädagogik im Dialog
2010. 586 S. Geb. EUR 49,95
ISBN 978-3-531-16067-2

Kriminalität Jugendlicher erweist sich regelmäßig als mediales und politisches Ereignis. Wenig relevant sind in diesen Zusammenhängen kriminologische und sozialpädagogische Befunde, die wissenschaftlich fundiert tatsächlich vorliegen. An einer Schnittstelle von Sozialpädagogik und Kriminologie setzt dieses Handbuch an und fasst die gegenwärtigen Diskurse für die (Fach-)Öffentlichkeit zusammen.

Margherita Zander / Roemer Martin (Hrsg.)
Handbuch Resilienzförderung
2010. ca. 550 S. Br. ca. EUR 39,95
ISBN 978-3-531-16998-9

Erhältlich im Buchhandel oder beim Verlag.
Änderungen vorbehalten. Stand: Juli 2010.

www.vs-verlag.de

Abraham-Lincoln-Straße 46
65189 Wiesbaden
Tel. 0611.7878-722
Fax 0611.7878-400

Soziale Passagen –
Journal für Empirie und Theorie Sozialer Arbeit

Soziale Passagen

- sind ein interaktives Projekt, das sich den durch gesellschaftliche Veränderungen provozierten Herausforderungen stellt und sich dezidiert als wissenschaftliche Publikationsplattform zu Fragen der Sozialen Arbeit versteht.
- stehen für eine deutlich konturierte empirische Fundierung und die ‚Entdeckung' der Hochschulen, Forschungsprojekte und Forschungsinstitute als Praxisorte. Sie bieten einen diskursiven Raum für interdisziplinäre Debatten und sind ein Forum für empirisch fundierte und theoretisch elaborierte Reflexionen.
- enthalten in jeder Ausgabe einen Thementeil und ein Forum für einzelne Beiträge. Einen weiteren Schwerpunkt bilden Kurzberichte aus laufenden Forschungsprojekten. Die inhaltliche Qualität ist über ein peer-review-Verfahren gesichert.
- richten sich an Mitarbeiterinnen, Mitarbeiter und Studierende an Universitäten, Fachhochschulen und Instituten sowie an wissenschaftlich orientierte Leitungs- und Fachkräfte in der sozialpädagogischen Praxis.

2. Jahrgang 2010 – 2 Hefte jährlich
www.sozialepassagen.de

Abonnieren Sie gleich!
vs@abo-service.info
Tel: 0611. 7878151 · Fax: 0611. 7878423

Erhältlich im Buchhandel oder beim Verlag.
Änderungen vorbehalten. Stand: Juli 2010.

VS-JOURNALS.DE

Abraham-Lincoln-Straße 46
65189 Wiesbaden
Tel. 0611.7878-722
Fax 0611.7878-400

MIX
Papier aus verantwortungsvollen Quellen
Paper from responsible sources
FSC® C105338

If you have any concerns about our products,
you can contact us on
ProductSafety@springernature.com

In case Publisher is established outside the EU,
the EU authorized representative is:
**Springer Nature Customer Service Center GmbH
Europaplatz 3, 69115 Heidelberg, Germany**

Printed by Libri Plureos GmbH
in Hamburg, Germany